소중한 여러분들께서
이 책으로 새로운 영감과 깨달음
그리고 위로의 순간들을 만나시길 바라며..

하예랑 대표작가

하예랑 이지영 문오영 이봉선
이경숙 유양석 이현옥 유형재 김미숙
김영주 최영은 김은정 임혜경 오경희
서유진 이지원 배은주 이연희 마광오

"서랍 속 보물 같은 문장들 (한/영)"

명언은 어떻게 삶의 힘이 되는가

디엔젤

프롤로그

  저는 명언을 정말 좋아하는 사람입니다.
학창 시절부터 필사하고 명언에서 많은 깨달음을 얻었습니다. 영어 명언을 처음 접했을 때 이것이 새로운 발견이자 큰 설레임이었고 명언을 모으는 계기가 되었습니다. 저는 언제나 명언을 두 가지 이상의 언어로 읽습니다. 언어가 다르면 또 다른 인사이트를 얻을 수 있습니다.

  많은 사람들과 명언을 공유하고 싶다고 생각했습니다. 저와 같이 삶의 한 순간순간 힘들 때, 혹은 더 나아가고 싶을 때 명언에서 위로 받기를 바라는 마음으로 집필을 시작했습니다. 저와 같이 명언을 진심으로 사랑하시는 작가님들께서 동참해 주셨고 다양한 작가들의 더 많은 더 멋진 명언들로 여러분을 만나게 되었습니다.

  인생은 끊임없는 도전의 연속이잖아요. 그 안에서 우리는 자신을 발견하고 새로운 길을 찾아가게 됩니다. 명언을 공유하며 여러분과 함께 용기와 위로를 나누면 좋겠다고 생각했습니다. 위로가 필요한 순간마다 들춰보며 보며 힘을 얻을 수 있는 명언집을 만들고 싶었습니다.

각자의 자리에서 내공이 가득한 작가님들과 함께 그들의 삶이 녹아있는 메시지를 담아 명언을 하나의 책으로 담았습니다. 여러분이 자신의 삶을 돌아보고 새로운 영감을 얻을 수 있기를 바라는 마음으로 함께했습니다. 작가님들의 메시지가 여러분들의 새로운 이야기로 만들어질 것이라 생각합니다.

또한 필사를 할 수 있도록 집필했습니다. 필사를 통해 문장들을 손으로 써 내려가면 명언이 가진 의미를 더욱 깊게 생각할 수 있고 나만의 인생 문장이 될 것입니다.

이 명언집이 여러분의 하루에 희망을 더하고 힘든 가운데 있는 분들에게는 한 줄기 빛이 되어 주길 바랍니다.

늘 옆에 두고 싶어지는 친구 같은 책이 되기를 소망합니다.
명언을 통해 자신의 힘을 발견하고, 더 멀리 나아갈 수 있기를 진심으로 응원합니다.
소중한 여러분들께서 이 책으로 새로운 영감과 깨달음, 그리고 위로의 순간들을 만나시길바라며..

하예랑 대표작가

작가소개

- **하예랑**

디엔젤 출판사의 대표이자 'S커빌' 자기계발 커뮤니티를 운영하고 있다. 여성들의 자립을 위해 다양한 전문가들과 주기적으로 독서모임, 특강을 진행하고 있다. 또한 소상공인들의 마케팅을 돕고 있다. 함께하는 힘과 가치를 믿는다. 'Loving people Helping people'을 삶의 모토로 모든 이가 행복하길 바라는 명언 컬렉터이다.

- **김영주**

22년간 기업에서 쌓은 경험을 바탕으로 공간정리 전문가로 활동하고 있다. 정리와 습관의 중요성을 알리며 많은 이들의 더 나은 삶을 만들고자 노력하고 있다. '삶의 목적과 자세'에 대한 명언을 통해 삶의 지혜를 전하고자 한다.

- **최영은**

예명 신디CL은 이름과 C(Christ)&L(Love)를 의미한다. 미국 보험 회사 에이전트 오피스에서 고객 지원 업무를 맡고 있으며, 'S커빌' 자기계발 커뮤니티에서 디지털 노마드로 꿈꾸며 성장 중이며, 화목한 가정을 지키는 삶의 가치를 추구한다.

- **김은정**

책과 예술의 아름다움을 발견하며 살아가고 있다. 그림을 그리고 아이들을 위한 동화책을 쓰며 창작의 기쁨을 누리고 있다. 독서 토론 모임에서 책 이야기를 나누며 세상을 보는 눈이 넓어지고, 마음이 더욱 따뜻해지는 것을 느낀다. 지속해서 배움의 즐거움을 이어갈 생각이다.

- **임혜경**

다섯 아들을 키우며 26년간의 육아 경험을 통해 삶의 지혜를 쌓고, '배움에는 나이 제한이 없다.'는 신념으로 도전과 성장을 이어가고 있다. 현재 '미디어 창업뉴스' 취재기자로 활동 중이고 노션, 구글웍스 전문가로 디지털 역량을 키우며, '지혜와 배움'을 통해 모든 이들의 배움 실천을 응원하고자 한다.

- **이지영**

십여년간 KBS 라디오 작가로 매일 원고를 쓰며 청취자분들과 소통했고, 현재는 육아하며 공감과 소통의 최전선에서 고군분투하고 있다. 여전히 작가로서 공감과 소통의 대상은 타인뿐 아니라 나 자신이어야 함을 널리 알리는 글쓰기 테라피스트이다.

- **문오영**

대학교에서 튜터로 활동하며 디지털 소외계층의 정보 격차 해소에 힘쓰고 있다. 한국 디지털융합 교육원 선임연구원으로서 AI 기술을 활용한 새로운 창작 방식을 연구하고 있다. 전통적인 미디어와 최신 기술의 융합을 하여 개인 브랜딩에 적용하는 방법을 강의하고 있다.

- **이봉선**

15년 이상 교육 전문가로 활동하고 있으며 '함께 가면 멀리 간다'라는 생각으로 '지구특공대' 커뮤니티 대표로 활동하면서 ESG활동 등 지구보호를 위해 실천하고 있다. 전국 감사 커뮤니티의 공동 운영자로 감사일기를 쓰고 감사 명언 필사를 매일 실천하고 있다.

- **이경숙**

AI 아트 전문가이자 AI 활용 창작자로 활동하고 있다. 디지털 도구를 활용한 예술 창작과 함께, 다양한 교육 활동을 통해 누구나 예술가가 될 수 있다고 알리는 교육가이다. 연구 활동과 함께 명언을 읽고 명상하며 평온함과 행복을 누리는 일상을 보내고 있다.

- 유양석

디지털 세상의 새로운 가능성을 열어가는 구글 웍스 강사이자, ChatGPT 전문 강사로 활동하고 있는 AI 아티스트이다. 다양한 디지털 기술과 콘텐츠 제작 분야에서 강연을 하고 있다. 명언을 수집하며 인사이트를 얻고 있다.

- 이현옥

마라톤 17년 차 러너이다. '건강한 몸에 건강한 정신이 깃든다'라는 말을 실천하며 몸도 마음도 단단하도록 게을리하지 않고 노력하며 살고 있다. 인생 2막에는 세상과 소통하는 통로 어디쯤에서 고민하는 이들을 돕고 싶다. 함께 성장하는 삶을 살기 위해 오늘도 배우고 실천하는 행동가이다.

- 유형재

미국 유학 후 IBM 근무 등 30여년간 IT 마케팅 관련 업무를 하였다. 지금은 'Point Next'의 CEO이자 생성형 AI 디지털 마케팅 전문가로 활동 중이다. '용기와 도전'에 대한 명언을 집필하며 변화와 도약을 꿈꾸는 이들에게 영감을 전하고자 한다.

- 김미숙

유아교육과 박사과정을 마치고 어린이집을 27년째 운영하고 있으며 부모 코칭, 부모 교육 강사로 활동하고 있다. 또한 그림책 심리 지도사로서 급변하는 인공지능 시대에 꼭 필요한 감성을 키울 수 있도록 미래 교육을 통해 행복의 가치를 아는 확장형 인재를 양성하는 데 중점을 두고 있다.

- 오경희

애니어그램(영어)을 통해 사람들의 성격 유형을 분석하고 진로와 학습코칭, 대인관계 및 소통 전문가로 활동하고 있다. 또한 디지털 리터러시와 AI 강사, 디지털 아트와 AI 동화작가로 새로운 시작을 하고 있다.

- **서유진**

  유아교육과 치유학 전공 교사로, 현재 산림치유 석사과정 중이다. 생성형 AI 에듀테크 작가이자 디지털 교육 분야 활동가로서 혁신적 교육 방법을 연구하며, 한국 디지털 튜터협회와 디지털 전환 교육원에서 연구원으로 미래 교육의 가능성을 탐구하고 있다.

- **이지원**

  국립대 교수로 의대 학생들을 양성하였으며 현재 요양병원에서 주치의로 일하고 있다. 어르신들과 함께한 시간은 기쁨과 슬픔을 안겨주었고, 덕분에 건강하고 행복한 노후에 대해 깊이 고민하게 되었다. 행복 시니어 코치로 활동 중인 의사로서 '건강과 웰빙'에 대한 명언을 정리했다.

- **배은주**

  디지털 전환과 AI 창작 분야를 연구하며 구글 공인 트레이너로서 대학과 평생교육원에서 강사로 활동하고 있다. 다양한 교육과 강연을 통해 중,고등학교 교직원과 학생들에게 구글과 AI 활용 능력을 전파하고 있으며, 디지털 전환 교육원 수석 연구원으로 활발히 활동하고 있다.

- **이연희**

  유아 교육 전문가로 15년간 교육 회사를 운영하였다. '리더십과 영향력'에 대한 고민을 끊임없이 하며 조직을 성장시켰다. 지금은 한국 AI 소상공인협회 부회장으로 소상공인 교육에 함께하고 있다. 명언집을 통해 더 많은 영향력 있는 리더가 세워지길 소망해 본다.

- **마광오**

  장편 소설 출간을 준비중인 신인 작가. '홀리데이소다'라는 닉네임으로 홍길동처럼 여러 커뮤니티에서 활동하며 다양한 일을 하고 있다. 많은 분야의 다양한 지식을 배우고 연구하고 있다. 도움이 필요한 이들을 도우며 성실과 겸손의 아이콘으로 살아가기를 소망하는 작가이다.

목차

프롤로그 •004

작가소개 •006

삶의 지혜

01 삶의 목적과 자세 | 김영주 •014

02 화목한 가족 | 최영은 •034

03 사랑과 우정 | 김은정 •054

04 지혜와 배움 | 임혜경 •074

내면과 평화

05 공감과 소통 | 이지영 •096

06 위로와 치유 | 문오영 •116

07 감사와 일상 | 이봉선 •136

08 행복과 평화 | 이경숙 •156

성장과 도전

09 자기 계발 | 유양석 · 178

10 인내와 끈기 | 이현옥 · 198

11 용기와 도전 | 유형재 · 218

12 희망과 긍정 | 김미숙 · 238

시대와 환경

13 시간과 변화 | 오경희 · 260

14 자연과 환경 | 서유진 · 280

15 건강과 웰빙 | 이지원 · 300

리더십과 커뮤니티

16 창의성과 혁신 | 배은주 · 322

17 리더십과 영향력 | 이연희 · 342

18 성공과 실패 | 마광오 · 362

19 커뮤니티와 인간관계 | 하예랑 · 382

에필로그 · 402

삶의 지혜

01	02	03	04
삶의 목적과 자세	화목한 가족	사랑과 우정	지혜와 배움
김영주	최영은	김은정	임혜경

명언은 어떻게 삶의 힘이 되는가

1. 삶의 목적과 자세 | 김영주　　01

모두가 빈 페이지에서 출발한다.
책을 100권 펴낸 사람이든
단 한권도 펴내지 못한 사람이든 간에,
누구나 빈 페이지에서 출발할 뿐이다.

_셰릴 스트레이트

Everyone starts from a blank page.
Whether a person has published 100 books or a person
who has not published a single book,
everyone starts from a blank page.

_Cheryl Straight

누구도 갖추어진 상태에서 출발하지 않습니다. 누구나 빈 페이지에서 시작합니다. 그렇기에 시작은 누구에게나 어렵습니다. 우리는 시작의 모습도 각자의 다양한 경험과 열정, 끊임없는 노력으로 채워가게 됩니다. 시작의 힘겨움 때문에 도전을 주저하지 마세요. 우리가 기억해야 할 것은 목표를 향해 내딛는 첫걸음도 우리 인생의 소중한 여정이며, 그 속에서 한 걸음 더 나아갈 때, 비로소 성장한다는 것입니다.

....
....
....
....
....

삶의 목적과 자세 | 김영주 ─────────── 02

유용한 기술을 가능한 한 많이 습득하라.
단순화하는 습관을 길러라.
이런 기본적인 것들을 제대로 한다면
당신은 언제든 성공할 준비가 된 셈이다.

_스콧 애덤스

Acquire as many useful skills as possible.
Develop the habit of simplifying.
If you get these basics right,
you will be set for success.

_Scott Adams

세상은 다재다능한 인재를 필요로 합니다. 그러나 다양한 지식과 기술을 습득하면서 전체를 보고 단순화 시킬 수 없으면 그 성공이 이루어진다고 해도 아주 짧을 것입니다. 불필요한 것들과 핵심 사이에서 정말로 필요한 것들을 가려내어 단순화하는 습관을 기르세요. 그러기 위해서는 기본적인 것을 지키도록 노력해야 합니다. 내가 배우는 지식과 기술에 대한 단순화는 내가 기본을 지키는 것에서 나옵니다.

. . . .

. . . .

. . . .

. . . .

. . . .

삶의 목적과 자세 | 김영주 ─────────────────────────────── **03**

모든 것은 당신의 태도에 달려 있다.

_윌리엄 제임스

Everything depends on your attitude.

_William James

모든 사람은 인생에서 다양한 어려움을 겪게 됩니다. 어려운 상황을 해결하는 방법을 결정하는 것은 우리의 태도에 달려 있습니다. 긍정적인 태도는 장애물을 성장과 학습의 기회로 바꿀 수 있습니다. 긍정적인 태도를 기른다는 것은 힘든 상황을 애써 무시하거나 겉으로만 긍정적으로 받아들이는 것이 아니라 해결 방법에 집중하고 희망을 유지하는 동시에 문제를 인정하는 것입니다.

....

....

....

....

....

삶의 목적과 자세 | 김영주 — 04

당신이 오늘 살아야 하는 이유를 찾아야 한다.
삶의 의미는 당신이 부여하는 것이다.

_프리드리히 니체

You have to find a reason to live today.
The meaning of life is what you give it.

_Friedrich Nietzsche

우리는 종종 사회적 성공, 물질적 풍요, 타인의 인정 등 외부 기준에 따라 우리 삶의 가치를 평가합니다. 하지만 이러한 것들은 덧없는 허상에 불과할 수 있습니다. 삶은 순탄하지 않을 수 있습니다. 어려움과 실패에 직면하기도 하고, 의문과 갈등에 휩싸이기도 할 것입니다. 이런 과정에서 우리는 삶의 의미를 찾기도 하고 더욱 성장하고 강해집니다. 오늘을 살아가는 의미는 결국 우리 자신에게 있습니다.

삶의 목적과 자세 | 김영주 — 05

행복은 당신이 어디에 있든지 당신이 생각하는 것에 따라 결정된다.
_윌리엄 제임스

Happiness is determined by what you think, wherever you are.
_William James

행복은 멀리 있는 것이 아니라 가까이 있다는 것을 깨닫는 것은 생각보다 쉽지 않을 수 있습니다. 우리는 자신에게 부족한 것에 대해 깊이 생각하는 대신 자신이 가지고 있는 것에 감사할 수 있습니다. 상황을 받아들일 때 우리의 생각을 '때문에'에서 '덕분에'로 바꾸기만 해도 큰 변화가 일어나게 됩니다. 긍정적으로 생각하는 습관을 기르면 어느 순간 행복과 가까이에 있는 내 모습을 만나게 됩니다.

....

....

....

....

....

삶의 목적과 자세 | 김영주 — 06

삶의 목적은 봉사하는 것이다.
그러므로 당신의 손과 마음을 열어라.

_달라이 라마

The purpose of life is to serve.
So open your hands and your heart.

_Dalai Lama

봉사 행위에는 우리의 삶과 주변 사람들의 삶을 변화시키는 힘이 있습니다. 거창하게 자원봉사를 해야만 한다기보다는, 아주 작은 것이라도 대가 없이 기꺼이 주려는 마음만으로도 주변 사람들과 우리에게 긍정적인 에너지가 생깁니다. 사소한 것이라도 다른 사람을 돕기 위해 고민하고 행동하기를 실천해보세요. 삶의 목표가 좀 더 풍요로워지고 가치를 더하게 되는 순간이 찾아올 것입니다.

삶의 목적과 자세 | 김영주 07

내가 세상에서 가장 행복한 사람인 이유는
내가 가진 모든 것이 내가 원하는 것이기 때문이다.

_세네카

I am the happiest man in the world
because everything I have is what I want.

_Seneca

우리는 종종 더 큰 성공을 이루고 더 많은 사람에게 인정받기 위해 끊임없이 내가 갖지 못한 것을 찾아 헤매곤 합니다. 그러나 내가 원한 것들을 이미 충분히 가지고 있음을 깨달아야 합니다. 진정한 행복은 더 많은 것을 얻는 데서 오는 것이 아니라, 우리가 이미 소유하고 있는 것을 감사하고 가치 있게 여기는 데서 비롯됩니다.

....
....
....
....
....

삶의 목적과 자세 | 김영주 — 08

삶의 목적은 행복이다.
행복의 열쇠는 방향이다.

_스티브 잡스

The purpose of life is to be happy.
The key to happiness is direction.

_Steve Jobs

행복은 단순히 성공이나 부의 결과물이 아니라 인생의 명확한 방향과 목적을 갖는 쪽에 더 깊이 얽혀 있습니다. 하지만 사람들은 종종 행복을 물질적 성공이나 부의 축적과 동일시합니다. 진정한 행복은 자신의 열정을 추구하고 명확한 비전을 갖는 데서 나옵니다. 열정에 초점을 맞추고 확고한 목적의식을 유지함으로써 진정한 성취감과 회복력을 얻으세요. 삶의 기복에도 행복에 가까이 다가갈 수 있습니다.

삶의 목적과 자세 | 김영주 — 09

우리의 삶은 우리가 만드는 것이다.
그러므로 우리는 우리의 삶을 더 좋게 만들 수 있다.

_스티븐 코비

Our life is what we make of it.
Therefore, we can make our life better.

_Stephen Covey

우리는 가끔 상황을 행운, 운명, 다른 사람의 행동과 같은 외부 요인에 귀속시키곤 합니다. 스티븐 코비는 적극적인 태도야말로 우리를 '삶의 사건을 수동적으로 받아들이는 사람'에서 '자신의 운명을 적극적으로 창조하는' 사람으로 바꿀 수 있다고 말합니다. 보다 적극적인 태도로 삶에 임하세요. 더욱 행복해지고 싶다면 우리 스스로 인생 설계자가 되어야 한다는 사실을 깨달아야 합니다.

삶의 목적과 자세 | 김영주 — 10

당신의 삶은 당신의 생각이 만드는 결과물이다.

_마커스 아우렐리우스

Your life is the result of your thoughts.

_Marcus Aurelius

종종 우리는 생각하는 힘을 과소평가합니다. 부정적인 생각은 상황을 더욱더 어렵게 만들며, 긍정적인 생각은 우리에게 힘을 실어줍니다. 내가 어떻게 생각하느냐에 따라 실패하더라도 회복의 속도가 높아질 수 있고, 목표를 이루기 위한 열정이 생기며, 성취감을 느낄 수 있습니다. 긍정적인 생각을 통해 우리가 원하는 의미 있는 삶을 만날 수 있습니다.

삶의 목적과 자세 | 김영주 — 11

삶의 목적은 우리의 영혼을 성장시키는 것이다.

_오프라 윈프리

The purpose of life is to grow our souls.

_Oprah Winfrey

삶에서 우리는 다양한 도전과 고난을 통해서 우리는 더 깊은 이해와 공감을 얻고, 타인과의 관계를 통해서 성장합니다. 이러한 과정에서 영혼은 성장하며 우리를 더욱 진정한 존재로 만들어 줍니다. 결국 영혼의 성장은 궁극적으로 개인의 삶뿐만 아니라 사회에도 긍정적인 영향을 미치는 삶을 이끌어 냅니다. 오프라 윈프리는 방송경력을 통해 개인적인 성장뿐만 아니라, 다른 사람들의 영혼을 성장시키는 데도 기여하며 자신을 발전시켰습니다. 그녀의 삶과 경력은 많은 사람에게 영감을 주었습니다.

....
....
....
....
....

삶의 목적과 자세 | 김영주 — 12

자신을 신뢰하라.
그러면 당신은 삶의 가장 어려운 문제를 해결할 수 있다.

_랄프 왈도 에머슨

Trust yourself.
You can solve the most difficult problems of life.

_Ralph Waldo Emerson

많은 사람이 어려움에 직면할 때, 자기 자신에 대한 신뢰가 부족해 흔들리기 쉽습니다. 그러나 자신을 신뢰한다는 것은 내면 깊숙이 자리한 지혜와 경험을 존중하고, 그로부터 힘을 얻는 것입니다. 우리는 모두 이미 문제를 해결할 수 있는 능력을 갖추고 있습니다. 다만 그 능력을 신뢰하고 발휘할 용기가 필요할 뿐입니다.

삶의 목적과 자세 | 김영주

삶의 목적은 다른 사람들에게 빛을 비추는 것이다.

_앤 아렌드

The purpose of life is to shed light on others.

_Anne Arendt

삶은 혼자 살아가는 것이 아닙니다. 우리 주변에는 가족, 친구, 동료 등 다양한 인연이 얽혀 있습니다. 이들에게 빛을 비춘다는 것은, 그들의 삶에 긍정적인 영향을 미치고, 그들이 힘들 때 작은 위로가 되어주는 것입니다. 때로는 말 한마디, 미소 하나가 상대방에게 큰 힘이 될 수 있습니다. 오늘, 작은 친절과 사랑으로 당신의 빛을 세상에 비춰보세요. 그 빛은 생각보다 더 많은 이들에게, 더 깊은 울림을 줄 것입니다.

삶의 목적과 자세 | 김영주 — 14

인생은 폭풍이 지나가기를 기다리는 것이 아니다.
빗속에서 춤추는 법을 배우는 것이다.

_비비안 그린

Life isn't about waiting for the storm to pass.
It's about learning how to dance in the rain.

_Vivian Greene

삶을 살아가면서 우리는 종종 인생의 목적이 폭풍을 피하는 데 있거나 단순히 폭풍이 지나가기를 기다리는 데 있다고 생각하기 쉽습니다. 그러나 진정한 삶의 본질은 고요한 순간에 있는 것이 아니라 우리가 이런 폭풍과 같은 시간을 어떻게 겪어내는가에 있습니다. 수동적인 삶을 받아들이기보다 일이 계획대로 진행되지 않을 때도 기쁨, 목적, 의미를 찾아 우리 자신의 성장과 행복에 적극적이어야 합니다.

삶의 목적과 자세 | 김영주

네가 바라는 변화가 되어라.

_마하트마 간디

Be the change that you wish to see in the world.

_Mahatma Gandhi

우리가 세상에서 추구하는 변화는 먼저 우리 자신 안에서 시작되어야 합니다. 삶을 대할 때 긍정적인 태도를 갖추고 싶다면 먼저 긍정적인 사고 습관을 기르기 위해 연습과 의식적인 노력이 필요합니다. 또, 기쁨, 감사, 만족을 가져다주는 삶의 측면에 집중하는 것이 필요합니다. 이 모든 것을 선택하는 것은 우리 자신입니다. 내 안의 힘을 믿고 바라는 대로 변화할 수 있다는 믿음을 가져야 합니다.

삶의 목적과 자세 | 김영주 — 16

모든 사람으로부터 사랑받지 않아도 된다.
무리하게 애쓰지 않고, 평소의 자세로 담담히 지내는 것이 최선이다.

_프리드리히 니체

You don't have to be loved by everyone.
The best way is to live calmly and steadily
without trying too hard.

_Friedrich Nietzsche

모든 사람으로부터 사랑받는 것은 불가능할 뿐만 아니라, 꼭 필요한 것도 아닙니다. 우리는 각자의 고유한 가치와 개성을 지니고 있으며, 이를 억지로 바꾸려 하거나 다른 사람의 기대에 맞추려 애쓰는 것은 오히려 우리 자신을 잃게 만드는 길일 수 있습니다. 우리의 가치는 자신을 어떻게 바라보고, 어떻게 살아가는지에 달려 있습니다. 그러니 좌절하지 말고, 자신을 믿으며, 담담히 나아가세요.

삶의 목적과 자세 | 김영주

삶은 자기가 선택한 것이다.
자신을 선택하고 사랑하라.

_앤 랜더스

Life is what you choose.
Choose yourself and love yourself.

_Ann Landers

우리는 매일 수많은 선택을 하며 살아갑니다. 어떤 선택은 작고 사소해 보일 수 있지만, 그 선택들이 모여 우리의 삶을 완성해 나갑니다. 우리가 이러한 선택의 주체임을 잊지 말아야 합니다. 자기 삶을 스스로 선택하고, 그 선택에 책임을 지는 것이 진정한 자유와 행복의 시작입니다.

자신을 선택하고 사랑하는 것은 자신의 가치를 인정하고, 자신을 존중하며, 자신에게 친절하게 대하는 것을 의미합니다. 자신을 사랑하는 사람은 타인에게도 사랑과 존중을 베풀 수 있습니다. 우리는 자신의 선택을 통해 삶을 만들어 나가며, 그 과정에서 자신을 사랑하는 법을 배웁니다. 이러한 지혜는 우리를 더 강하고, 더 행복하게 만들어줍니다. 그러므로 오늘도 자신의 선택을 존중하고, 자신을 사랑하는 하루를 보내세요.

삶의 목적과 자세 | 김영주 — 18

언제나 현재에 집중할 수 있다면 행복할 것이다.

_파울로 코엘료

If you can always focus on the present,
you will be happy.

_Paulo Coelho

우리는 현재의 순간에 집중함으로써 더 큰 행복을 찾을 수 있습니다. 과거의 후회나 미래의 불안에 사로잡히지 않고, 지금, 이 순간을 온전히 경험하고 그 순간에 감사하는 것이야말로 진정한 행복의 열쇠입니다. 우리가 자기 삶을 더욱 주체적으로 살아가고, 현재의 순간을 소중히 여기는 나만의 방법을 찾게 된다면 진정한 행복을 느낄 수 있게 될 것입니다.

....

....

....

....

....

삶의 목적과 자세 | 김영주

어제의 꿈은 오늘의 현실이 되고,
오늘의 노력은 내일의 성공이 된다.

_토니 로빈스

Yesterday's dreams become today's reality,
and today's efforts become tomorrow's success.

_Tony Robbins

꿈은 우리의 삶에 방향을 제시하는 나침반과 같습니다. 우리가 꿈꾸는 것이 단순한 환상이 아니라, 현실로 이루어질 수 있음을 의미합니다. 우리는 현재의 순간에 최선을 다하는 것이 얼마나 중요한지를 알고 있습니다. 우리는 꿈을 꾸고, 그 꿈을 이루기 위해 노력하는 과정에서 삶의 의미를 찾을 수 있습니다. 꿈과 노력이 합쳐질 때, 우리는 더 나은 미래를 만들 수 있습니다.

삶의 목적과 자세 | 김영주 — 20

변화를 두려워하지 마라.
변화는 삶의 유일한 상수이다.

_헤라클리투스

Don't be afraid of change.
Change is the only constant in life.

_Heraclitus

변화는 종종 도전과 함께 찾아옵니다. 새로운 환경, 새로운 사람들, 새로운 경험들은 우리에게 도전의 기회를 제공합니다. 도전은 우리를 성장하게 만들며, 더 나은 자신으로 거듭나게 합니다. 변화를 두려워하지 않고, 도전을 받아들이는 것이야말로 삶의 목적을 찾는 길입니다. 우리는 변화를 통해 성장하고, 그 과정에서 삶의 의미를 찾을 수 있습니다. 변화는 우리를 더 강하게 만들고, 더 나은 미래를 향해 나아가게 합니다.

2. 화목한 가족 | 최영은 — 01

부모의 말과 행동이 자녀에게 큰 영향을 미친다.

_탈무드

A parent's words and actions greatly
influence their children.

_Talmud

어릴 적부터 저의 부모님은 '너는 할 수 있어'라는 격려의 말을 자주 해주셨습니다. 저도 도전을 앞둔 자녀에게 긍정적인 말을 해줄 수 있습니다. 부모가 서로 존중하고 사랑하는 모습을 보일 때, 자녀는 건강하게 인간관계를 맺는 법을 배웁니다. 따라서 부모는 자신의 말과 행동이 자녀에게 미치는 영향을 항상 인식하고, 긍정적인 본보기가 되기 위해 노력해야 합니다. 이는 가족의 화목과 자녀의 행복한 미래를 위한 중요한 첫걸음입니다.

화목한 가족 | 최영은 — 02

가족은 나의 힘이자 나의 약점이다.

_엔젤라 스윈트

Family is both my strength and my weakness.

_Angela Schwindt

한국이 아닌 외국에 거주하면서, 명절 등 특별한 날이 오면 사랑하는 부모님과 형제들을 만날 수 없어 고향에 대한 그리움과 아쉬움이 큽니다. 그러다 보니 저에게는 일상에서 가정의 화목이 주는 가치가 크고, 가족들이 더욱 소중합니다. 가족의 존재는 어려울 때 살아갈 힘이 되고 버팀목이 되어줍니다. 이렇듯 가족의 사랑과 화목함이 삶의 원천이 되어주지만, 가족과 떨어져 살아가는 것은 쉽지 않은 일이기도 합니다.

화목한 가족 | 최영은

행복한 가정은 천국의 조각이다.

_조지 버나드 쇼

A happy family is a fragment of heaven.

_George Bernard Shaw

저는 어릴 적 가족과 함께한 시간이 가장 행복한 기억으로 남아 있습니다. 주말마다 함께한 소풍, 저녁 식사 후의 대화, 그리고 서로를 위로하고 격려해주던 순간들은 저에게 작은 천국과도 같았습니다. 가족이 곁에 없을 때도 함께한 아름다운 추억을 떠올리면 평화가 내 안에 남아 있음을 알 수 있습니다. 이처럼 가족은 우리의 삶에 안정감과 사랑을 제공하며, 세상의 어려움 속에서도 우리를 지켜주는 보호막이 됩니다.

화목한 가족 | 최영은 — 04

가족은 인생의 나침반이다.

_브래드 헨리

Family is the compass of life.

_Brad Henry

나침반이 방향을 제시하듯, 가족은 인생의 어려운 순간에 길을 찾도록 도와줍니다. 방황할 때, 가족은 우리의 본질과 가치를 다시 상기시켜 주며, 안정감과 소속감을 제공합니다. 그들의 사랑은 감정적인 지지로 작용해 삶의 목표를 재확인하게 해 주고, 중요한 선택과 행동에 큰 영향을 미칩니다. 가족은 우리 삶의 진정한 길잡이입니다. 이들은 언제나 곁에서 나를 지켜주고, 나의 방향성을 제시하는 소중한 존재입니다.

화목한 가족 | 최영은 ─────────────────── **05**

가족의 사랑은 시간과 거리를 넘어,
언제나 우리의 곁에서 삶을 지탱하는 가장 큰 위로와 힘이 된다.

_앤서니 블런트

Family love transcends time and distance,
remaining always by our side as the deepest comfort
and the greatest strength in life.

_Anthony Brandt

가족의 사랑은 언제나 큰 위안이 됩니다. SNS를 통해 부모님과 소통하던 순간이 떠오르며, 그 따뜻한 기억은 지금도 소중합니다. 아버지께서 갑자기 떠나셨지만, 마지막 메시지인 '아빠 사랑해요'는 제 마음에 깊이 새겨져 있습니다. 가족의 사랑은 시간과 거리를 초월해 언제나 저를 지켜주고, 삶의 힘이 되어줍니다.

화목한 가족 | 최영은　　06

가족은 평생 사랑을 배우고 실천하는 학교다.

_마더 테레사

Family is a lifelong school
that teaches us to learn and live out love.

_Mother Teresa

어릴 적부터 부모님의 무조건적인 사랑 속에서 타인을 배려하고 이해하는 법을 배웠습니다. 가족과 함께한 시간은 사랑의 다양한 형태를 배우는 소중한 교실이었습니다. 갈등과 오해 속에서도 용서와 화해의 중요성을 깨달았습니다. 가족은 진정한 사랑의 학교입니다. 결혼하면서 생겨난 새로운 가족 또한, 제가 남편과 아이들을 통해 사랑을 배우고 실천하는 첫 번째 대상입니다.

화목한 가족 | 최영은 — 07

가정이란 가장 작은 나라이며,
그 평화가 세상 평화의 시작이다.

_아브라함 링컨

The family is the smallest nation,
and its peace is the beginning of world peace.

_Abraham Lincoln

낯선 타국에서 살면서 가족의 소중함 속에 서로의 차이를 이해하고 존중하며, 함께 시간을 보내는 것이 얼마나 중요한지 배웠습니다. 가족 간의 대화와 협력은 유대감을 강화하고, 이는 우리의 행복을 지속시키는 원동력이 되었습니다. 결국, 조화로운 가족관계가 행복한 가정을 만드는 첫걸음임을 깨달았습니다.

화목한 가족 | 최영은 — 08

가정의 행복은 서로에 대한 존경과 사랑에 달려있다.

_찰스 디킨스

The happiness of a home depends on
respect and love for one another.

_Charles Dickens

가족은 우리의 첫 시작이자, 성장과 배움의 첫 번째 공동체입니다. 타국에서 살아온 저는 가족의 중요성을 깊이 깨달았습니다. 어린 시절 부모님과 함께한 시간은 제 가치관과 인격 형성에 큰 영향을 미쳤습니다. 가족은 단순한 혈연을 넘어 서로를 지지하고 이해하며 함께 성장하는 공간입니다. 가족은 우리 삶의 시작점이자, 지속적인 성장과 지지를 제공하는 소중한 존재입니다.

화목한 가족 | **최영은** ──────────────── **09**

사랑이 깊은 가정은 세상을 변화시킬 힘이 있다.

_넬슨 만델라

A family bound by deep love
holds the power to transform the world.

_Nelson Mandela

가족은 우리의 첫 사회적 관계이자, 정서적 지지의 원천입니다. 가족 간의 대화와 협력은 유대감을 강화하고, 이는 우리 가족의 행복을 지속시키는 원동력이 되었습니다. 특히 낯설고 외로운 타국에 있는 저에게는 가족이 삶의 시작점이기도 했습니다. 서로의 차이를 이해하고 존중하며 함께하는 시간이 우리의 관계를 더욱 깊고 의미 있게 만들어 줍니다. 가족이 주는 사랑은 언제나 제 삶의 힘이 됩니다.

화목한 가족 | 최영은 — 10

가정은 언제나 우리 마음을 위로하고
다시 일어설 용기를 주는 따뜻한 보금자리다.

_캐서린 펄시퍼

Family is the warm refuge that comforts our hearts
and gives us the courage to rise again.

_Catherine Pulsifer

가족은 우리 삶의 중심에 자리 잡고 있습니다. 새로운 삶의 터전인 타국에서 적응하는 동안, 가족의 따뜻한 품은 언제나 저를 위로해 주었고 어려운 순간에도 희망을 잃지 않게 해주었습니다. 가족과 함께한 추억들은 제 마음속에 소중히 간직되었으며, 엄마이자 아내로서 정체성과 가치관을 형성하는 데 큰 역할을 했습니다. 가족은 서로를 지지하고 이해하는 마음의 보금자리입니다.

화목한 가족 | 최영은

가족이 하나 될 때,
우리는 어떤 시련도 이겨낼 수 있는 가장 큰 힘을 얻는다.

_아담 스미스

When a family stands united,
it gains the greatest strength to overcome any trial.

_Adam Smith

아버지께서 큰 수술을 하셨을 때, 가족 모두가 함께 응원하며 그 시기를 이겨냈습니다. 가족 구성원들이 서로를 지지하고 이해하며, 함께 목표를 향해 나아갈 때 우리는 더 큰 힘을 발휘할 수 있었습니다. 가족의 단결은 협력 그 이상으로, 우리에게 안정과 희망을 제공합니다. 이처럼 가족의 힘은 바로 단결에서 비롯됩니다.

화목한 가족 | 최영은 — 12

삶의 기쁨과 슬픔을 함께 나눌 수 있는 가족이 있다는 것,
그것이 인생이 준 가장 큰 축복이다.

_마리아 로빈슨

To have a family who shares life's joys and sorrows—
that is the greatest blessing life can give.

_Maria Robinson

가족은 우리가 태어나서 처음으로 만나는 사람들로, 우리의 성장과 발전에 큰 영향을 미칩니다. 가족은 기쁨과 슬픔을 함께 나누며 서로를 지지하는 존재인 가족과의 추억은 제게 소중합니다. 부모님과의 여행, 자매와의 장난, 가족 모임의 웃음소리 모두가 큰 의미를 가집니다. 어려운 순간에 가족의 따뜻한 위로는 큰 힘이 됩니다. 가족과의 시간은 무엇과도 바꿀 수 없는 축복입니다.

화목한 가족 | 최영은 13

가족은 마음으로 이어져,
서로의 아픔을 함께 짊어지고 기쁨을 배로 나누는 가장 깊은 인연이다.

_실비아 레이트

Family is the bond of hearts, carrying each other's burdens and multiplying each other's joys.

_Sylvia Rait

가족은 단순한 혈연을 넘어 서로의 마음과 사랑으로 맺어진 관계입니다. 진정한 가족은 서로를 이해하고 지지하며, 어려운 순간에도 함께하는 사람들입니다. 마음으로 맺어진 가족은 서로의 아픔을 나누고 기쁨을 함께하며, 서로를 존중하고 배려합니다. 관계는 시간이 지나도 변하지 않으며, 더욱 깊어집니다. 우리는 가족의 가치를 소중히 여기며, 서로를 사랑하고 존중하는 마음을 잊지 말아야 합니다.

화목한 가족 | 최영은 — 14

가족은 세상의 모든것을 이겨낼 수 있는 힘을 준다.

_윈스턴 처칠

Family gives us the strength to overcome anything in the world.

_Tom Oliver

가족은 힘든 시기에 든든한 버팀목이 되어주고, 기쁨을 함께 나누는 인생의 동반자입니다. 저에게 가족은 세상의 전부이며, 함께한 소중한 추억들은 마음속에 따뜻한 온기로 남아 있습니다. 가족과의 대화를 통해 세상을 배우고 사랑을 느끼며 성장해 왔습니다. 의견 충돌이 있어도 가족은 항상 지지해 줍니다. 시간이 흐를수록 가족의 소중함이 깊어지고, 존재만으로도 서로에게 힘이 됩니다.

화목한 가족 | 최영은

세상이 무너지는 순간에도 우리를 다시 일으켜 세우는 힘,
그것이 바로 가족이다.

_제인 하워드

Even when the world seems to fall apart,
it is family that gives us the strength to rise again.

_Jane Howard

가족은 우리 삶의 첫 번째 선물입니다. 태어나자마자 마주하게 되는 따뜻한 품, 그리고 무한한 사랑을 주는 존재들이 바로 가족입니다. 세상에서 어떤 성공이나 물질적 소유보다도 소중한 것이 가족이라는 선물입니다. 이 선물을 소중히 여기고 감사하는 마음을 가진다면, 우리는 더 큰 행복과 평화를 누릴 수 있습니다.

화목한 가족 | 최영은 — 16

말보다 깊은 언어,
눈빛과 포옹으로 사랑을 읽어내는 곳이 바로 가족이다.

_헤닝 맨켈

Beyond words, in glances and embraces,
love is most deeply understood within family.

_Henning Mankell

때로는 말로 표현하지 않아도, 눈빛만으로도 서로의 사랑을 깊이 이해하고 공감할 수 있지요. 가족과 함께 보낸 시간은 저에게 따뜻한 추억으로 가득합니다. 어린 시절, 힘든 일이 있을 때면 어머니의 따뜻한 포옹이 가장 큰 위로가 되었습니다. 아버지의 묵묵한 지지도 제게 큰 힘이 되었고요. 이런 사랑의 언어를 자녀들에게도 가르쳐주고 함께 나누고 싶은 것이 저의 소망입니다.

| 화목한 가족 | 최영은

가족은 서로를 지지하고 이해하는 가장 강력한 집단이다.

_오프라 윈프리

Family is the strongest support and understanding we can have.

_Oprah Winfrey

사회에서는 결점이 약점으로 보일 수 있지만, 가족 안에서는 그것이 오히려 관계를 더욱 깊어지게 만드는 요소가 됩니다. 서로의 부족함을 채워주고, 단점조차도 사랑으로 받아들이는 것이 가족의 진정한 힘입니다. 덕분에 우리는 자신감을 얻고, 더 나은 사람이 되기 위해 노력할 수 있습니다. 가족은 우리의 완전하지 않은 모습을 있는 그대로 받아들여 주는 유일한 곳입니다.

화목한 가족 | 최영은 — 18

우리가 세상과 소통하는 법을 가장 먼저 가르쳐준 교실,
그것은 바로 가정이다.

_아이작 싱어

The first classroom where we learn to connect
with the world is our family.

_Isaac Singer

갓 태어난 아기는 부모의 사랑 속에서 세상과 소통하는 법을 배우고, 형제자매와의 관계를 통해 협동과 공유의 의미를 깨닫습니다. 가족은 우리가 처음으로 사회성을 배우는 안전한 울타리입니다. 부모의 가치관은 자녀에게 자연스럽게 전해지고, 가족 간의 소통 방식은 대인관계 형성의 기준이 됩니다. 따라서 행복한 가정은 건강한 사회를 만드는 첫걸음이라고 할 수 있습니다.

화목한 가족 | 최영은 — 19

행복한 가정은 조화와 사랑으로 가득차 있다.

_빅터 휴고

A happy family is filled with harmony and love.

_Victor Hugo

가족의 사랑은 언제나 조건 없이 주어지며, 어떤 상황에서도 변하지 않습니다. 부모님은 우리의 성공과 실패를 모두 받아들이고, 항상 든든한 지원군이 되어 주십니다. 형제자매와의 관계에도 서로의 부족함을 받아들이는 동시에 우애가 더욱 깊어집니다. 이러한 사랑은 우리에게 큰 행복으로 채워지고 우리의 자존감을 높여주고, 도전에 맞설 용기를 줍니다.

화목한 가족 | 최영은 — 20

가정에 평화를 가져오는 사람은 세상에 평화를 가져온다.

_탈무드

He who brings peace to his home, brings peace to the world.

_Talmud

가정은 사회의 가장 작은 단위지만 그 영향력은 큽니다. 화목한 가정을 이루는 사람은 가족 간의 이해와 존중으로 갈등을 풀고, 사랑과 배려가 가득한 환경을 만듭니다. 이런 가정은 자녀에게 긍정적인 영향을 주어, 그들이 성장하면서 사회에서도 평화를 실천하도록 합니다. 그러므로 우리는 가정에서부터 평화를 실천하고, 이를 통해 더 나은 세상을 만들어 나가야 합니다.

3. 사랑과 우정 | 김은정 — 01

사랑은 언제나 자신보다 타인을 먼저 생각하는 것이다.

_아리스토텔레스

Love is always thinking of others before yourself.

_Aristotle

부모님의 혹은 자녀의 건강을 생각하는 식단 관리, 친구의 생일 선물을 고르는 정성은 모두 타인을 먼저 생각하는 사랑입니다. 연인들이 서로의 취향을 배려해 데이트 장소를 정하고, 바쁜 일상에서도 서로의 고민을 들어주는 것도 사랑입니다. 이런 작은 배려와 노력이 우리의 삶을 더욱 풍요롭게 만듭니다. 사랑은 자신보다 상대방을 먼저 생각하는 마음입니다.

사랑과 우정 | 김은정 — 02

사랑은 바람이 어디에서 와서 어디로 가는지 모르는 것처럼,
그 시작과 끝을 알 수 없다.

_헤르만 헤세

Love cannot know its beginning or end,
just as the wind does not know
where it comes from and where it goes.

_Hermann Hesse

바람처럼 예측할 수 없는 것이 사랑입니다. 하지만 그 사랑은 우리 곁에 늘 머물러 있습니다. 부모는 아이를 사랑으로 키우고, 그 아이가 새 가정을 이룰 때 행복을 바라는 마음 역시 사랑입니다. 세월이 흘러 내 아이에게 주었던 사랑을 이제는 손주에게 전하게 됩니다. 사랑은 마치 파도처럼 밀려왔다 갔다 반복하며, 그 시작과 끝을 알 수 없습니다.

사랑과 우정 | 김은정 ─────────────────── **03**

사랑은 두 사람이 마주 보는 것이 아니라,
같은 방향을 바라보는 것이다.

_앙투안 드 생텍쥐페리

Love is not two people facing each other,
but looking in the same direction.

_Antoine de Saint-Exupéry

사랑하는 사람들이 같은 취미를 함께 즐기면, 더 많은 시간을 함께 보내고 서로를 더 잘 이해할 수 있습니다. 사랑에는 많은 대화가 필요합니다. 취미가 같으면 짧은 대화를 하더라도 같은 관심사 아래 주제를 다양하게 바꾸며 다가갈 수 있습니다. 이렇게 서로를 다방면으로 알아가는 시간이 사랑입니다. 사랑은 같은 방향을 바라보면서 같이 나아가는 것입니다.

....
....
....
....
....

사랑과 우정 | 김은정 — 04

우정은 두 마음이 같은 박자로 뛰는 것이다.

_알렉산더 푸시킨

Friendship is two hearts beating to the same beat.

_Alexander Pushkin

친구들과 힘을 모아 어떤 일을 할 때 느끼는 것은 친구들로부터 배울 점이 많다는 것입니다. 나의 부족함을 친구로부터 채울 수 있습니다. 팀 프로젝트를 할 때, 친구들과 함께 아이디어를 나누고 생각을 공유하면 더 좋은 결과를 얻을 수 있습니다. 서로 다른 생각에서 하나의 아이디어로 모일 때 친구와 우정의 깊이를 느낄 수 있습니다. 친구의 우정이란 이런 것인가 새삼 느낍니다.

사랑과 우정 | 김은정 ───────────────────────── **05**

진정한 친구는 어려울 때 손을 내미는 사람이다.

_알버트 허버드

A true friend is someone who lends a hand in difficult times.

_Albert Hubbard

친구가 저의 어려운 상황을 알고 찾아와 내 손을 꼭 잡고 위로해주었던 순간이 있습니다. 저의 약해진 마음을 다잡으라며 친구가 긍정적인 기운을 불어넣어 줄 때, 힘이 생기고 위안이 됩니다. 해결하지 못하고 끙끙 앓고 있는 문제를 친구와 머리를 맞대어 생각하고 문제를 풀어나갈 때, 친구가 고맙고 든든합니다. 진정한 친구는 그렇게 기꺼이 손을 내밀어 줍니다.

사랑과 우정 | 김은정　06

우정은 작은 일에서 시작하여 큰 것을 이루는 관계다.

_조지 워싱턴

Friendship is a relationship that starts
from small things and builds up to big things.

_George Washington

친구와 지역 봉사 활동을 함께 하며 어려운 사람들을 도운 보람을 공유하곤 했습니다. 그러다가 이 작은 활동이 사업으로 발전하게 되었고, 친구는 좋은 파트너로서 성장을 함께하게 됩니다. 좋은 결과를 거둘 때마다 서로의 공로를 치하합니다. 우정은 작은 일에서 시작하여 큰 일을 도모하는 관계처럼, 점차 넓은 세상을 함께 바라보는 깊은 우정으로 발전하게 되는 것입니다.

....
....
....
....
....

사랑과 우정 | 김은정 ─────────────────────────── **07**

사랑은 그 자체로 기쁨이자 고통이다.

_존 그레이

Love in itself is both joy and pain.

_John Gray

연애 초반에는 서로에게 설렘과 기쁨을 느끼며 더없이 행복한 시간을 보냅니다. 사랑하면 상대방의 좋은 점만 보기 때문에 무엇이든지 용서가 되고 이해하고 넘어갑니다. 시간이 지나면서 서로의 생각과 가치관, 생활 습관 등의 차이에서 오는 괴리감이 갈등으로 드러나고, 상대방의 말이나 행동에 상처받기도 합니다. 이처럼 사랑은 기쁨과 고통이 함께 존재하지만, 그 고통을 잘 극복하고 서로를 이해하는 과정에서 사랑을 더욱 깊게 만듭니다.

사랑과 우정 | 김은정 — 08

우정은 시간과 공간을 초월하는 힘을 가진다.

_헬렌 켈러

Friendship has the power to transcend time and space.

_Helen Keller

친구들과의 우정은 시간이 흘러도 변하지 않고 지금도 소중한 추억으로 남아 있습니다. 어린 시절 함께 놀던 친구들은 시간이 지나면서 직장과 결혼으로 서로 다른 도시나 다른 나라로 흩어지게 됩니다. 그러나 몸은 멀어져도 함께한 추억이 있기에, 언제 만나도 언제나 그 시절로 돌아간 듯한 편안함과 기쁨을 줍니다. 깊은 우정을 나눈 친구는 멀리 떨어져 있어도 옆에 있는 것처럼 편안한 그런 사이가 됩니다.

사랑과 우정 | 김은정 ———————————————————— **09**

사랑은 마음을 열어 상대방을 받아들이는 것이다.

_에리히 프롬

Love is opening your heart and accepting the other person.

_Erich Fromm

친구와 잘 지내다가도 서로 다른 의견을 가지고 충돌할 수 있습니다. 화도 나고 상대가 미울 수도 있습니다. 그러나 곧, 조금 더 참고 이해하려 하지 못한 반성과 후회가 따라오지요. 화해하는 순간은 기쁨으로 벅차오릅니다. 그동안 만나지 못해서 보고 싶었고, 친구를 사랑하기 때문입니다. 이처럼 마음을 열고 상대를 받아들이는 것은 사랑의 중요한 부분입니다.

사랑과 우정 | 김은정 — 10

진정한 우정은 말없이 서로의 마음을 이해하는 것이다.

_마크 트웨인

True friendship is understanding each other's feelings without words.

_Mark Twain

진정한 우정은 상대방의 부족한 부분이나 실수를 받아들이고, 서로를 이해하려는 마음이 있습니다. 갈등이 있을 때는 대화로 풀어야 합니다. 대화를 통해 문제를 해결하고, 용서하는 과정에서 관계가 더욱 깊어집니다. 우정은 서로 바라만 봐도 알 수 있다고 합니다. 진정한 우정은 말없이 서로의 마음을 이해하는 것입니다.

사랑과 우정 | 김은정

11

사랑은 상대방의 행복을 자신의 행복으로 여기는 것이다.

_토마스 아퀴나스

Love is considering the other person's happiness as your own.

_Thomas Aquinas

사랑하는 친구가 바라던 회사에 합격했을 때, 오랫동안 준비해 온 프로젝트에서 성공을 거두었을 때, 함께 기뻐하고 축하해 주는 것이 사랑입니다. 친구의 좋은 소식은 꼭 나에게 좋은 일이 생긴 것처럼, 기쁨으로 벅차오릅니다. 사랑은 그가 성장하고 앞으로 나아가길 바라는 것입니다. 상대방의 행복이 나의 행복이 됩니다. 이것은 사랑하는 사람의 행복을 진심으로 응원하는 데서 나오는, 자연스러운 마음입니다.

사랑과 우정 | 김은정 — 12

우정은 언제나 곁에 있어 주는 것이다.

_랄프 왈도 에머슨

Friendship is always by your side.

_Ralph Waldo Emerson

고등학교 시절, 방과 후에 보충수업이 있었습니다. 수업이 끝나고 교실을 나서니 친구가 저를 기다리고 있었습니다. 기다린다고 힘들었을 텐데, 친구를 본 순간 얼마나 기쁘던지, 그 마음이 고마워 지금도 기억하고 있습니다. 우정은 걱정해주고 기다려주고 함께 하는 것이었습니다. 같이 있지는 못해도, 친구의 우정은 늘 곁에 있었습니다.

사랑과 우정 | 김은정

사랑은 유일한 현실이다.

_스리 아우로빈도

Love is the only reality.

_Sri Aurobindo

부모님은 출산하는 순간부터 자녀를 위해 희생합니다. 자녀의 학비를 마련하고, 힘든 일을 마다하지 않으며, 하루 끝의 고단함마저 사랑의 힘으로 견딥니다. 훗날 장성한 자녀가 늙은 부모님을 모시는 모습은 그러한 희생의 가치를 실현하는 것입니다. 아주 힘든 순간일지라도, 상황이 좀처럼 나아지지 않더라도, 가족은 서로를 지탱해 줍니다. 그것은 사랑의 힘이며, 사랑은 우리의 삶을 지탱하는 중요한 현실입니다.

사랑과 우정 | 김은정 — 14

우정은 기쁨을 두 배로 만들고,
고통을 반으로 줄인다.

_시세로

Friendship doubles our joy and halves our grief.

_Cicero

직장에서 상사로부터 스트레스를 받을 때, 혼자 고민하며 끙끙 앓으며 괴로워할 때, 친구가 이야기를 들어주는 것만으로도 스트레스가 반으로 줄어듭니다. 반대로, 기쁨은 친구와 함께 하는 것만으로도 배가 됩니다. 혼자 여행을 즐기는 것보다 친구와 함께 여행하면 같은 시간을 공유할 수 있어서 행복이 두 배가 됩니다.

사랑과 우정 | 김은정

사랑은 서로의 마음을 읽는 것이다.

_레오 톨스토이

Love is reading each other's hearts.

_Leo Tolstoy

사랑하는 연인과도 의견이 맞지 않아서 갈등이 생겨납니다. 상대방의 감정을 존중하고 적극적인 대화를 통해 문제를 해결하려고 한다면, 연인과의 화해가 좀 더 쉽게 이루어질 수 있겠지요. 사랑은 단순한 감정이 아니라, 복잡하고 미묘하며 서로의 감정을 서로 깊이 이해하고 싶어지는 것입니다. 갈등이 깊어지기 전에 서로의 마음을 읽고 이해한다면 그것이 사랑하는 방법이고, 또 사랑을 유지하는 방법이 될 것입니다.

....

....

....

....

....

사랑과 우정 | 김은정 — 16

우정은 진정한 나를 찾아주는 것이다.

_조셉 캠벨

Friendship is finding your true self.

_Joseph Campbell

친구와 함께 다양한 활동을 하다 보면, 내가 몰랐던 행복이나 관심사를 발견할 수 있습니다. 예를 들어, 산을 그다지 좋아하지 않던 내가, 친구의 추천으로 함께 등산하다가 점차 자연을 사랑하는 진짜 내 마음을 깨닫게 되는 일이 있지요. 이렇듯, 우정은 나의 닫힌 마음을 열어 진정한 나를 찾아주는 것입니다.

사랑과 우정 | 김은정

사랑은 변함없는 마음이다.

_윌리엄 셰익스피어

Love is an unchanging heart.

_William Shakespeare

대학 시절부터 10년째 연애 중인 커플이 있습니다. 서로 다른 도시에 살면서도 서로에 대한 신뢰와 사랑으로 잘 지내오고 있습니다. 또한, 제 지인은 초등학교 때부터 알고 지낸 친구와 여전히 깊은 우정을 나누고 있습니다. 두 달에 한 번이라도 연락하며 우정을 이어가고 있습니다. 진정한 사랑과 우정은 시간이 지나도 변치 않는 헌신과 노력, 그리고 지속적인 관심이라는 것을 알 수 있습니다. 그것은 변함없는 마음입니다.

사랑과 우정 | 김은정 ——————————— 18

우정은 서로를 배려하는 것이다.

_조지 산타야나

Friendship is caring for each other.

_George Santayana

친구가 힘든 시기를 겪고 있을 때, 먼저 전화해서 안부를 묻고 친구의 이야기를 들어주는 것은 공감과 배려가 깃든 따뜻한 우정입니다. 친구와 의견이 다를 때도 있습니다. 그럴 때는 친구의 말을 무조건 부정하지 말고, 의견을 존중하고 이해하려는 노력이 필요합니다. 친구와 내가 다름을 알고 받아들이며 공감하는 것은 친구이기에 먼저 할 수 있는 배려이기도 합니다.

사랑과 우정 | 김은정

사랑은 두 사람 사이의 신뢰와 존중에서 시작된다.

_아리스토텔레스

Love begins with trust and respect between two people.

_Aristotle

사랑하는 연인 사이에도 각자의 개인 시간이 필요합니다. 연인 중 누군가 친구들과 시간을 보내고 싶어 할 때, 친구들을 질투하기보다는 친구들에게서 또 다른 안정감을 얻을 수 있도록 연인을 응원해주는 것이 좋습니다. 아무리 사랑하는 연인도 언제 어디서나 함께 할 수는 없는 것이 당연합니다. 사랑은 서로 믿으며 사랑하는 것이지 구속하는 것이 아닙니다.

사랑과 우정 | 김은정 —————————— 20

우정은 시간이 흘러도 변하지 않는 것이다.

_사무엘 존슨

Friendship is about giving each other courage.

_Samuel Johnson

어린 시절 친구는 고향과도 같은 존재입니다. 어른이 되어서도, 사는 모습이 달라도, 결혼하고 새로운 가정을 꾸렸어도, 여전히 나의 친구입니다. 오랜만에 만나도 어제 만난 듯 익숙한 얼굴에 어쩐지 고향을 되찾은 기분입니다. 친구를 만나면 어릴 적 기억이 되살아납니다. 모습은 어른으로 변하고 주변 환경도 많이 달라졌지만, 함께한 세월의 추억은 선명하게 남아있어 여전히 반갑습니다.

4. 지혜와 배움 | 임혜경　　01

비판 없는 배움은 쓸모 없고, 배움 없는 비판은 위험하다.

_존 F. 케네디

**Learning without criticism is useless,
and criticism without learning is dangerous.**

_John F. Kennedy

의료 정보를 접할 때 우리는 단순히 받아들이기보다 깊이 있게 검증하려 합니다. 질병의 치료법을 찾아보며 관련 연구와 논문을 탐구하고, 다양한 관점에서 정보를 분석합니다. 이처럼 진정한 배움은 의심에서 시작됩니다. 현대 사회에서는 넘쳐나는 정보를 비판적으로 사고하고 검증하는 능력이 더욱 중요해졌습니다. 비판적 사고와 배움이 함께할 때, 우리는 비로소 온전한 지혜에 다가갈 수 있습니다. 이렇게 탐구하는 자세는 더 깊은 이해와 통찰로 이어집니다.

지혜와 배움 | 임혜경 — **02**

실패는 성공보다 더 많은 것을 가르친다.
우리가 배운 모든 것은 실패에서 비롯된다.

_ C.S. 루이스

Failures, repeated failures, are finger posts on the road to achievement. One fails forward toward success.

_C.S. Lewis

모든 일에는 시행착오가 따르기 마련입니다. 이러한 경험이야말로 가장 좋은 스승이 됩니다. 책이나 이론으로 배우는 것보다 직접 부딪히고 몸으로 겪으며 얻은 깨달음은 더 깊고 오래 남습니다. 실패를 두려워하지 않고 계속 도전하는 과정에서 우리는 자신만의 길을 발견하게 됩니다. 작은 실수와 성공의 반복은 결국 전문성을 키우고, 이 과정에서 쌓인 경험은 진정한 성장을 이끕니다. 실패가 남긴 흔적 속에서 우리는 다시 일어설 힘을 배우고 나아가게 됩니다.

지혜와 배움 | 임혜경 　　　　　　　　　　　　　　　　　　　　　　　**03**

지혜는 경청하는 데서 시작된다.

_탈무드

Wisdom begins with listening.

_Talmud

진정한 지혜는 표면적 지식을 넘어 깊이 있는 이해에서 시작됩니다. 그 이해의 첫걸음은 경청입니다. 누군가의 고민을 들을 때 그 사람의 감정과 상황을 깊이 이해하는 것이 중요합니다. 경청하고 공감하며 문제의 본질을 파악할 때, 더 적절한 해결책을 찾을 수 있습니다. 이해의 능력은 단순한 정보 습득과는 다른 차원의 지혜를 가져다주며, 이를 통해 더 의미 있는 통찰을 얻을 수 있습니다.

지혜와 배움 | 임혜경 — 04

중요한 것은 질문을 멈추지 않는 것이다.
호기심은 그 자체로 존재 이유가 있다.

_알베르트 아인슈타인

The important thing is not to stop questioning.
Curiosity has its own reason for existing.

_Albert Einstein

인간의 지적 성장은 호기심 어린 질문에서 시작됩니다. 자연 현상에 대한 단순한 의문도 깊이 있는 과학적 탐구로 이어질 수 있습니다. 물이 끓는 시점이나 하늘이 파란 이유와 같은 일상적인 질문이 과학에 대한 이해로 발전하는 것입니다. 단순 암기가 아닌 깊이 있는 질문과 탐구를 통해 진정한 배움이 일어납니다. 이러한 호기심 어린 질문들이 모여 과학 발전의 토대가 되고 세상을 이해하는 지혜가 됩니다.

지혜와 배움 | 임혜경 05

교육은 자유의 황금문을 여는 열쇠다.

_조지 워싱턴 카버

Education is the key to unlock the golden door of freedom.

_George Washington Carver

배움은 인생의 새로운 장을 여는 강력한 열쇠입니다. 나이와 환경에 관계없이, 배움을 통해 우리는 더 넓은 세상으로 나아갈 수 있습니다. 자격증 취득이나 새로운 기술 습득은 단순한 지식의 축적을 넘어 자아실현과 성장의 기회가 됩니다. 평생학습은 우리에게 더 많은 선택지를 제공하고, 새로운 가능성의 문을 엽니다. 이러한 배움의 과정은 자신감을 키우고 삶의 지평을 넓히는 소중한 여정이 됩니다.

....

....

....

....

....

지혜와 배움 | 임혜경　　　　　　　　　　　　　　　　06

음악은 말로 표현할 수 없는 것을 말하게 하고,
침묵할 수 없는 것을 침묵하게 한다.

_빅토르 위고

Music expresses that which cannot be put into words and
that which cannot remain silent.

_Victor Hugo

배움은 단순한 지식의 습득을 넘어 영혼을 풍요롭게 하는 여정입니다. 특히 예술을 통한 배움은 우리의 감성을 일깨우고 내면의 깊이를 더합니다. 음악을 배우는 과정에서 우리는 소리의 조화를 익힐 뿐 아니라, 감정을 표현하는 새로운 언어를 발견하게 됩니다. 이러한 예술적 체험은 우리의 감수성을 풍부하게 하고, 타인과의 소통을 더욱 깊이 있게 만듭니다. 새로운 분야에 대한 배움은 삶을 더욱 풍요롭게 하는 소중한 선물입니다.

지혜와 배움 | 임혜경 ──────────────── 07

최고의 교육은 단순히 정보를 주는 것이 아니라,
삶을 모든 존재와 조화롭게 만드는 것이다.

_라빈드라나트 타고르

The highest education is that which does not merely give us information but makes our life in harmony with all existence.

_Rabindranath Tagore

배움은 우리를 제약하는 한계로부터 자유롭게 만드는 힘입니다. 환경 문제와 같은 사회적 과제들은 올바른 지식과 이해를 통해 해결의 실마리를 찾을 수 있습니다. 배움은 단순한 지식 습득을 넘어 실천적 행동으로 이어지는 길을 열어 그 가치가 빛납니다. 에너지 절약, 탄소 발자국 감소와 같은 작은 실천들도 배움에서 시작됩니다. 이처럼 배움은 개인의 성장뿐만 아니라 사회 발전에 기여하는 자유의 길이 되며, 궁극적으로는 개인과 사회를 연결하여 삶을 모든 존재와 조화롭게 만드는 힘이 됩니다.

....
....
....
....
....

지혜와 배움 | 임혜경   08

배움은 자신을 발견하는 과정이다.

_조지프 캠벨

Learning is a process of self-discovery.

_Joseph Campbell

배움의 과정은 곧 자아를 발견하는 여정입니다. 우리는 다양한 분야를 접하면서 자신의 진정한 관심사와 재능을 발견하게 됩니다. 때로는 문학에 매료되기도 하고, 예술에 깊이 감동하기도 합니다. 이런 경험을 통해 우리는 자신의 열정이 무엇인지, 어떤 일에서 행복을 느끼는지 알아가게 됩니다. 배움은 자신을 발견하고 진정한 삶의 방향을 찾는 가장 좋은 길입니다.

지혜와 배움 | 임혜경

사람은 자신의 경험에서 배우지만,
더 현명한 사람은 타인의 경험에서도 배운다.

_에드먼드 버크

People will learn from their own experience,
but the wise learn from the experience of others.

_Edmund Burke

위대한 인물들의 삶과 가르침은 우리에게 소중한 지혜를 전해줍니다. 그들이 남긴 글이나 말씀을 통해 우리는 삶의 진리를 발견하고, 더 나은 삶의 방향을 찾게 됩니다. 또한 주변에서 들려주는 경험담은 실천적 지혜의 보고가 됩니다. 그들의 경험을 통해 우리는 시행착오를 줄이고, 더 현명한 선택을 할 수 있습니다. 이처럼 타인의 경험은 우리의 삶을 풍요롭게 하는 소중한 나침반이 됩니다.

....
....
....
....
....

지혜와 배움 | 임혜경   10

무지는 영혼의 어둠이며,
배움은 그 어둠을 몰아내는 빛이 되어 우리를 진리로 이끈다.

_플라톤

Ignorance is the root of darkness in the soul,
and learning drives away that darkness, guiding us to truth.

_Platon

인류의 오래된 수수께끼들은 학문의 발전을 통해 하나씩 해결되어 왔습니다. '닭이 먼저인가, 달걀이 먼저인가'와 같은 단순해 보이는 질문도 과학의 발전으로 답을 찾게 되었습니다. 배움은 무지와 혼란을 걷어내는 빛과 같습니다. 우리는 새로운 지식을 통해 세상을 더 깊이 이해하게 되고, 더 넓은 시야를 갖게 됩니다. 배움의 과정에서 우리는 끊임없이 성장하며, 더 현명한 판단과 결정을 내릴 수 있는 지혜를 얻게 됩니다.

지혜와 배움 | 임혜경

배움은 지식을 축적하는 것이 아니라,
성장을 위한 도구이다.

_칼 융

Learning is not accumulating knowledge
but a tool for growth.

_Carl Jung

진정한 배움은 알게 된 내용을 실제 생활에 적용할 때, 비로소 이루어집니다. 예를 들어 글쓰기를 배우는 것은 단순한 문장 기술 습득이 아니라, 자기표현과 성찰의 도구가 됩니다. 이처럼 배움은 우리의 시야를 넓히고 더 나은 선택을 할 수 있게 하는 성장의 도구입니다. 이를 통해 우리는 더 풍요롭고 의미 있는 삶을 살아갈 수 있습니다.

지혜와 배움 | 임혜경 — 12

인간의 가장 큰 지혜는 다른 사람의 눈으로 보고,
다른 사람의 귀로 듣고, 다른 사람의 마음으로 느끼는 것이다.

_알프레드 아들러

The greatest wisdom is to see with another's eyes,
to hear with another's ears, and to feel with another's heart.

_Alfred Adler

진정한 지혜는 타인의 생각과 감정을 이해하고 공감하는 데서 시작됩니다. 독서토론에서처럼 서로 다른 관점과 해석을 나누는 과정은 우리의 이해를 넓히는 소중한 기회가 됩니다. 처음에는 낯설고 어려운 의견이라도, 열린 마음으로 경청하고 공감하려 노력할 때 더 깊은 통찰을 얻을 수 있습니다. 이러한 이해와 공감의 자세는 더 풍부한 인간관계를 만들고, 삶의 지혜를 쌓는 토대가 됩니다.

지혜와 배움 | 임혜경

지식을 나누는 것은 힘을 나누는 것이 아니라,
힘을 배가하는 것이다.

_마하트마 간디

Sharing knowledge is not about giving away power,
but multiplying it.

_Mahatma Gandhi

디지털 시대에 필요한 기술을 서로 가르치고 배우며, 함께 성장하는 것처럼, 지식과 경험을 나누는 일은 더 큰 가치를 만들어냅니다. 누군가에게는 익숙한 지식이 다른 이에게는 새로운 도전이 될 수 있습니다. 이때 서로의 지혜를 나누는 과정은 모두를 풍요롭게 만듭니다. 배움을 나누는 공동체는 더 많은 사람이 성장할 수 있는 터전이 되며, 이를 통해 우리 사회는 한 걸음 더 발전합니다.

지혜와 배움 | 임혜경 — **14**

내가 아는 유일한 것은 내가 아무것도 모른다는 것이다.

_소크라테스

The only true wisdom is in knowing you know nothing.

_Socrates

진정한 지혜는 자신의 한계를 정직하게 인정하는 데서 시작됩니다. 우리는 종종 모든 일을 완벽하게 해내려고 하지만, 이는 현실적이지 않은 목표가 될 수 있습니다. 자기 능력과 상황을 객관적으로 파악하고 받아들이는 것이 중요합니다. 한계를 인정하고 그것에 맞게 계획을 세울 때, 우리는 더 효율적으로 목표를 달성할 수 있습니다. 이러한 자기 이해는 현명한 선택과 지속 가능한 성장의 토대가 됩니다.

지혜와 배움 | 임혜경

지혜는 타인의 관점을 이해하는 능력이다.

_알프레드 아들러

Wisdom is the ability to understand others' perspectives.

_Alfred Adler

진정한 지혜는 다양한 관점을 이해하고 수용하는 능력에서 시작됩니다. 사람들이 모여 의견을 나눌 때는 자연스럽게 서로 다른 시각이 충돌하기도 합니다. 이때 중요한 것은 상대방의 입장에서 생각해보고 그들의 관점을 이해하려 노력하는 것입니다. 서로의 상황과 감정을 이해할 때 갈등은 줄어들고 협력의 길이 열립니다. 이러한 상호 이해는 공동체의 발전과 더 나은 관계 형성의 핵심이 됩니다.

지혜와 배움 | 임혜경 — **16**

배움은 매일의 작은 성취로 이루어진다.

_존 듀이

Learning is achieved through daily small accomplishments.

_John Dewey

위대한 성취는 일상의 작은 노력이 모여 이루어집니다. 하루에 한 페이지씩 책을 읽는 것처럼 작은 목표로 시작하더라도, 그것이 꾸준히 쌓이면 놀라운 결과로 이어집니다. 매일의 작은 성취는 자신감이 되고, 그 자신감은 다시 더 큰 도전의 원동력이 됩니다. 목표를 달성하는 과정에서 중요한 것은 화려한 한 번의 도약이 아니라, 꾸준한 실천과 인내입니다. 이러한 작은 성공의 반복이 진정한 배움과 성장을 만듭니다.

지혜와 배움 | 임혜경

지식은 가르칠 수 있으나,
지혜는 삶 속에서 길러져야 한다.

_소크라테스

Knowledge can be taught,
but wisdom must be grown through life.

_Socrates

이론적 지식은 기본적인 방향을 제시하지만, 실제 상황에서는 그 지식을 넘어선 통찰력이 필요합니다. 전문가의 조언과 이론적 학습은 중요하지만, 진정한 지혜는 그것을 현실에 적용하고 경험하는 과정에서 생겨납니다. 상황을 이해하고 공감하며 적절히 대처하는 능력이야말로 지혜의 핵심입니다. 이러한 실천적 지혜가 더 깊은 이해와 더 나은 선택을 가져다줍니다.

지혜와 배움 | 임혜경 — 18

평온한 마음에서 지혜가 자라고,
지혜에서 자비가 흘러나온다.

_부처

From a peaceful mind grows wisdom,
and from wisdom flows compassion.

_Buddha

마음의 평온을 찾을 때 진정한 지혜가 시작됩니다. 명상과 같은 고요한 시간은 내면의 소리에 귀 기울이고 자신을 돌아보는 소중한 기회가 됩니다. 바쁜 일상에서도 잠시 마음을 가다듬는 시간을 가질 때, 우리는 더 깊이 있는 통찰을 얻게 됩니다. 평온한 마음가짐은 감정적인 반응을 줄이고 이성적인 판단을 가능하게 합니다. 이러한 내면의 고요함이 더 현명한 선택과 결정으로 이어집니다.

지혜와 배움 | 임혜경 — **19**

배움을 멈추는 순간 우리는 늙기 시작한다.
배움을 계속하는 한 우리는 젊음을 유지한다.

_헨리 포드

Anyone who stops learning is old,
whether at twenty or eighty.
Anyone who keeps learning stays young.

_Henry Ford

현대 사회는 끊임없이 변화하고 발전하며, 이에 따라 평생 학습의 중요성이 더욱 커지고 있습니다. 특히 디지털 기술의 발전은 우리에게 지속적인 배움을 요구합니다. 나이나 세대와 관계없이 새로운 기술과 지식을 습득하는 것은 현대인의 필수 과제가 되었습니다. 스마트 기기부터 인공지능까지, 배움의 영역은 계속해서 확장됩니다. 이러한 변화 속에서 배움을 즐기는 자세야말로 성장하는 삶의 핵심이 됩니다.

지혜와 배움 | 임혜경 — 20

지식은 삶의 날개를 주지만,
지혜는 그 날개로 어디로 날아 가야 하는지 가르쳐준다.

_칼릴 지브란

Knowledge gives us wings,
but wisdom shows us where to fly.

_Kahlil Gibran

우리가 자전거 타는 법을 배울 때, 페달과 브레이크 사용법을 아는 것은 지식이지만, 안전하게 주행하는 방법을 터득하는 것은 지혜입니다. 지식이 '무엇을' 하는지 아는 것이라면, 지혜는 '어떻게' 하는지 깨닫는 것입니다. 진정한 지혜는 배운 것을 실생활에 적절히 적용하고, 그 경험을 통해 더 깊은 이해에 도달하는 것입니다. 이것이 지식을 지혜로 승화시키는 과정입니다.

내면과 평화

05	06	07	08

공감과 소통
이지영

위로와 치유
문오영

감사와 일상
이봉선

행복과 평화
이경숙

명언은 어떻게 삶의 힘이 되는가

5. 공감과 소통 | 이지영 — 01

소통에서 가장 중요한 것은 말하지 않은 것을 듣는 것이다.

_피터 드러커

The most important thing in communication
is hearing what isn't said.

_Peter Drucker

사람은 마음을 기댈 곳이 없으면 정작 도움이 필요할 때 표현하지 못하는 경우가 더 많습니다. 내 말이 상대방에게 부담을 주거나, 혹은 거절할지도 모른다고 생각해서입니다. 소통에서 가장 중요한 것은 상대방이 미처 말하지 못한 것까지 듣는 것입니다. '괜찮다.'라고 말하는 언어 뒤에 숨겨진 표정, '외롭지 않다.'라고 말하는 모습 뒤에 남겨진 그늘까지도 우리가 들여다보아야 할 비언어적 신호입니다.

공감과 소통 | 이지영 — 02

공감은 타고나는 감수성이 아니라,
도전과 진취적인 태도로 길러지는 능력이다.

_법정

Empathy is not an innate sensitivity,
but a skill nurtured through challenge and a proactive spirit.

_Beopjeong

공감은 섬세한 감수성을 지닌 사람들만 지니는 것이라고 생각할 수도 있습니다. 하지만 공감은 도전 의식과 진취적인 태도로 노력한다면 충분히 기를 수 있는 능력입니다. 오늘 하루, 내 소중한 사람들의 경험을 자신의 것처럼 느껴보고 이해하려는 노력을 해보세요. 내가 해줄 수 있는 가장 좋은 말이 무엇인지, 가장 필요한 것이 무엇인지 누구보다도 먼저 느낄 수 있는 진정한 공감의 마법이 펼쳐질 것입니다.

공감과 소통 | 이지영 — 03

공감은 다른 사람의 입장에서 생각하는 것이지,
자신의 관점을 강요하는 것이 아니다.

_스티븐 코비

Empathy is about seeing from another's perspective,
not imposing your own.

_Stephen Covey

혹시 그런 날이 있지는 않았나요? 힘들었던 일들을 이야기했는데, 돌아오는 말에 오히려 상처만 입은 그런 날. 아마도 내 이야기를 들은 상대방이 내 입장을 가장 먼저 생각해주고, '내 감정이 옳다'라고 말해주길 바랐던 건 아닐까요? 우리는 무의식적으로 나의 관점을 상대방에게 말하는 것이 공감이라는 생각을 가지곤 한답니다. 내게도 그런 대화 습관이 있다면 나부터 상대방의 관점을 이해해보는 것은 어떨까요?

공감과 소통 | 이지영 — 04

소통에서 가장 큰 문제는 그것이 이루어졌다는 착각이다.

_조지 버나드 쇼

The single biggest problem in communication
is the illusion that it has taken place.

_George Bernard Shaw

가끔은 가까운 가족과도 소통이 부족하다는 생각이 들 때가 있죠. 매일 얼굴을 마주하면서도 '대화다운 대화', '소통'을 하고 싶다고 말하게 되는 우리들... 소통은 단순한 정보 교환 이상으로 상대방의 감정과 의도에 대한 좀 더 깊은 이해와 공감이 이루어지는 과정입니다. 오늘 우리가 나눈 것은 어떤 소통이었을까요? 우리는 서로를 얼마나 깊이 이해하고 있는지 살펴봐야겠습니다.

공감과 소통 | 이지영

말은 진실을 드러내지 않는다.
행동이 진실을 드러낸다.

_토머스 제퍼슨

Words do not reveal the truth.
Actions reveal the truth.

_Thomas Jefferson

우리는 누군가에게 '조만간 만나자'는 말을 인사치레로 하거나, '축하한다'는 말을 기계적으로 하는 사람을 보며 웃어넘길 때도 있지요. 하지만 실제로 그 말을 듣는 이의 기분은 어떨지, 생각해 볼 필요가 있습니다. 말로는 많은 것을 약속할 수 있지만 그 약속을 지키는 것은 행동이듯, 사람의 진실성을 보여주는 것은 결국 그 사람의 행동입니다.

공감과 소통 | 이지영 — 06

말하기 전에 생각하라.
듣기 전에 이해하라.

_헨리 포드

Think before you speak.
Understand before you listen.

_Henry Ford

말하려는 사람은 말하기 전에 한 번 더 생각하고, 그 말이 어떻게 전달될 것인지 상대방의 입장에서 고민해보는 것이 중요합니다. 배려가 깃든 말은 웬만해서는 상대방을 상처입히지 않습니다. 들으려는 사람도 듣기 전에 상대방의 입장을 이해하려고 노력하는 것이 중요합니다. 소통의 질을 높이고, 오해를 줄이고 싶다면 말이지요. 오늘은 우리의 소통 방식을 돌아볼까요? 신중한 말과 이해가 더 나은 소통을 만들어 줄 겁니다.

공감과 소통 | 이지영

진정한 공감은 듣는 것이며,
듣기 전에 판단하지 않는 것이다.

_칼 로저스

True empathy is about listening
and not judging before you listen.

_Carl Rogers

알고 계시나요? 우리는 상대방의 이야기를 들을 때 무의식적으로 판단을 먼저 하게 된다는 사실. 판단 없이 듣는 것은 상대방에게 큰 위로와 지지를 줄 수 있지만, 판단하는 것은 상처를 줄 수 있다는 것을 잊지 말아야 합니다. 상대방이 말할 때 온전히 듣는 일에 집중해보세요. 당장 옳고 그름을 판단하거나 문제 해결을 하기보다는 상대방이 혼란이나 분노 같은 마음의 찌꺼기들을 먼저 흘려보낼 수 있도록, 내 마음에도 길을 내어주세요.

....

....

....

....

....

공감과 소통 | 이지영 — 08

사람들이 서로 잘 지내지 못하는 이유는 서로를 두려워하기 때문이고, 서로를 알지 못해서다. 이는 소통이 부족해서이다.

_마틴 루터 킹 주니어

People fail to get along because they fear each other; they fear each other because they don't know each other; they don't know each other because they have not communicated with each other.

_Martin Luther King Jr.

요즘 카페나 음식점을 가면 'NO 키즈 존', 'NO 시니어 존' 등의 표시가 붙어 있는 것을 심심치 않게 볼 수가 있습니다. '고객이 왕'이라는 말 때문에 업주들의 고민이 많을 것입니다. 하지만 특정 대상을 거부하고 혐오하는 것이 해법이 되지는 않습니다. 다만, 서로에 대한 공감과 이해, 소통과 배려가 없는 한 이런 논란은 끝나지 않을 것입니다. 더불어 사는 사회를 위해 효과적인 소통을 시도해야 할 때입니다.

공감과 소통 | 이지영 ——————————— 09

공감은 고통을 덜어주는 것이지,
고통을 경쟁하는 것이 아니다.

_하리 네프

Empathy is about alleviating pain,
not competing with it.

_Hari Nef

우리는 상대방이 처한 상황과 비슷하거나 더 아팠던 경험이 있어야 제대로 공감할 수 있다고 생각하는 경향이 있습니다. 그러다 보니 공감의 말을 건네기 위해 '겪어보니 별거 아니더라' 혹은 '더 힘든 사람도 있더라'는 식으로 말을 하게 됩니다. 고통의 무게를 재는 말은 오히려 상대방에게 상처를 줍니다. 진정한 공감을 하고 싶다면, 고통을 비교하지 말고, 상대방의 고통을 덜어주는 데 온전히 집중해보는 건 어떨까요?

공감과 소통 | 이지영 — 10

사회적 조화는 공감을 통해 이루어진다.

_마하트마 간디

Social harmony is achieved through empathy.

_Mahatma Gandhi

공감이 없는 사회는 갈등과 대립으로 가득할 수밖에 없습니다. 서로를 이해하지 못하고, 고통이나 기쁨을 공유하지 못한다면, 소통과 협력이 불가능해지는 것이지요. 현대 기술의 발달로 우리는 물리적으로 더 가까워졌지만, 정서적, 정신적으로는 더 멀어진 느낌을 받을 때가 많습니다. 이런 시대일수록 공감은 더욱 중요합니다. 공감은 '미덕'을 넘어, 이제는 사회를 더 조화롭게 만들기 위한 '필수 능력'이 되었습니다.

공감과 소통 | 이지영 — 11

이해해야만 우리는 관심을 가질 수 있다.
관심을 가져야만 우리는 도울 것이다.
도와야만 모든 것이 구원받을 것이다.

_제인 구달

Only if we understand, can we care.
Only if we care, will we help.
Only if we help, shall all be saved.

_Jane Goodall

'이해'는 지식의 습득을 넘어, 다른 생명체나 사람들의 감정, 필요, 그들이 속한 환경을 깊이 깨닫는 것을 의미합니다. 깊은 이해야말로 진정한 공감이며, 우리가 다른 존재들과 더 깊은 관계를 형성할 수 있는 첫걸음이 됩니다. 인간과 다른 생명체들이 공존해야 한다는 건 알지만 진정한 공감이 따라오지는 않았던 안일함이 환경파괴와 생태계의 불균형을 초래한 건 아닐까요?

주석 : 구원이라는 단어는 종교적 맥락에서 사용될 수 있지만, 명언에서는 생명체와 환경의 지속 가능성을 의미합니다.

공감과 소통 | 이지영 — 12

공감은 인간관계의 본질이다.

_칼 로저스

Empathy is the essence of human relationships.

_Carl Rogers

소중한 사람이 큰 아픔을 겪고 있다면 그 상황을 빠르게 파악해 돕고 싶은 마음이 앞설 수 있습니다. 그러나 재촉하기보다 존중하는 마음과 인내심을 가지고 기다릴 줄 알아야 합니다. 누구든 감정을 자신만의 방식으로 처리할 시간이 필요합니다. 그러기 위해 어떤 말도 필요하지 않을 때가 있습니다. 그저 곁에 있어 주세요. 언제든 당신 편이라는 느낌을 주세요. 존재만으로도 느껴지는 공감이, 관계를 더욱 두텁게 해줄 것입니다.

공감과 소통 | 이지영

공감할 때 해결책을 제시하지 말아야 한다.

_마셜 로젠버그

When empathizing, do not offer solutions.

_Marshall Rosenberg

우리는 누군가 고통과 상처, 갈등을 이야기할 때 무심코 충고나 조언을 떠올리며 문제를 해결해야 한다는 생각에 사로잡히곤 합니다. 그런 대화 방식이 오히려 상대방의 상처에 소금을 뿌린다는 것을 알면서도 말이지요. 문제 해결은 공감을 방해합니다. 공감할 때 해결책을 제시하지 않는 연습을 해보세요. 상대방이 어렵게 속마음을 꺼낸 이유는 다름 아닌 마음이 힘들기 때문입니다. 그러니 먼저 마음이 어떤지를 들어주세요.

공감과 소통 | 이지영 — 14

나와 너를 동시에 보호해야 공감이다.

_정혜신

Empathy requires protecting yourself and others at the same time.

_Jeong Hye-shin

상대방과 대화를 나누다 보면 가끔은 내 마음이 지칠 때가 있지요. 공감은 얼핏 보면 잘 들어 주면 되는 일 같지만, 이타심과 자기 보호의 균형을 맞춰야 하는 측면이 있습니다. 깊은 공감을 위해 나의 경계와 행복을 희생할 필요는 없습니다. 정서적 피로로 이어지지 않고 오래도록 공감을 해 줄 수 있도록 균형 잡힌 공감의 기술이 필요합니다.

공감과 소통 | 이지영

공감이란 자신의 거품에서 나와
다른 사람들의 거품 속으로 들어가는 능력이다.

_C. 조이벨 C

Empathy is the ability to get out of your own bubble
and into another person's bubble.

_C. JoyBell C

공감은 나의 세계에서 벗어나 타인의 세계로, 나의 관점을 뛰어넘어 그 사람의 감정적 풍경에 들어가는 것입니다. 나를 둘러싼 편견과 관점, 즉, 나의 '거품'에서 벗어나 타인의 '거품'으로 나아갈 수 있는 능력을 길러 보세요. 타인의 감정적 풍경에 몰입하고, 그의 눈을 통해 세상을 경험해 보세요. 이 능력은 타인과 나의 고립을 줄이고, 오해가 아닌 이해를 쌓고, 진정한 관계를 키우는 강력한 도구가 될 것입니다.

공감과 소통 | 이지영 — 16

공감은 가장 고귀한 미덕이다.
모든 미덕은 공감에서 비롯된다.

_에릭 존

Empathy is the highest virtue.
All virtues flow from it.

_Eric John

이해, 연민, 친절, 관용, 그리고 나눔과 감사.... 이 모든 것들은 어디에서 나오는 것일까요? 곤경에 처한 사람이 눈앞에 있을 때, 우리는 두 가지 선택을 할 수 있습니다. 하나는 그 사람을 도와주는 것이고, 또 다른 하나는 그 사람을 그냥 지나치는 것이지요. 우리의 긍정적인 마음들은 모두 공감에서 비롯됩니다. 책임감이나 의무감보다도 근본적으로 공감이 있어야만 쓰러진 마음을 서로 일으켜 줄 수 있습니다.

공감과 소통 | 이지영 ——————————————— 17

대화는 영혼을 위한 연료다.

_칼 융

Conversation is fuel for the soul.

_Carl Jung

우리의 영혼은 항상 이해와 연결을 갈망합니다. 그러니 영혼을 위한 연료가 있다면 그건 나를 있는 그대로 이해받고 인정받는 것, 그리고 혼자가 아니라는 느낌인 것이지요. 그것이 바로 소통이 주는 힘입니다. 우리는 가족, 연인, 친구와 대화할 때 좀 더 '나 자신'에 가까워지는 느낌을 받지요. 그것은 그들이 나를 잘 알고 지지해주는 느낌을 주기 때문입니다. 오늘은 소중한 사람들과 소통하며 영혼에 활력을 불어넣어 주는 것은 어떨까요?

공감과 소통 | 이지영 — **18**

나는 고독만큼 친구가 되는 친구를 본 적이 없다.

_헨리 데이비드 소로

I never found the companion
that was so companionable as solitude.

_Henry David Thoreau

고독은 소통과 반대되는 말이라고 생각할 수 있지만, 소로가 말하는 고독은 내면의 목소리를 듣고 더욱 진정한 소통을 하기 위한 것입니다. 사람은 사회적 존재인지라 세상의 더 큰 목소리, 더 많은 목소리에 휩쓸리기 때문이지요. 빠르게 변화하는 현대 사회에서 자신을 지킬 수 있는 것은 자기 내면의 목소리를 듣는 것으로부터 시작할 수 있습니다. 오늘은 더욱 진정한 소통을 위해 고독의 시간을 만들어 보는 건 어떨까요?

공감과 소통 | 이지영

진정한 소통은 진실한 이해에서 비롯된다.

_다이앤 아커먼

True communication comes from true understanding.

_Diane Ackerman

우리는 종종 오해를 풀기 위해 상대방을 재촉하는 경우가 있지요. 하지만 그 전에, 상대방에게 그만한 이유가 있었을 것이라 믿고 이해하려 노력하는 것이 진정한 이해의 첫걸음이 아닐까요? 소통을 하기 전에, 내가 먼저 상대방을 이해할 준비가 되었는지, 어떤 편견을 갖고 있거나 오해를 하는 것은 아닌지... 나부터 '진정한 이해'를 할 준비가 되었는지, 스스로 꼭 살펴야겠습니다.

| 공감과 소통 | 이지영   20

분노의 반대는 차분함이 아니라 공감이다.

_메흐메트 오즈

The opposite of anger is not calm, but empathy.

_Mehmet Oz

우리는 화가 나면 자신을 진정시키려고 하지만, 그것만으로 근본적인 문제 해결이 되지는 않지요. 분노는 나를 자기중심적으로 살피게 하지만, 공감은 시점을 '다른 사람', 혹은 '다른 사람들' 중심으로 옮겨서 자연스럽게 그들의 관점을 이해하려고 노력하게 합니다. 우리에게 필요한 것은 감정적인 반응을 잠재우는 차분함이 아닌 갈등의 근본 원인을 해결하기 위한 공감의 기술입니다.

6. 위로와 치유 | 문오영 ——————————— 01

비록 세상이 고통으로 가득 차 있다고 해도,
그것을 극복하는 일도 가득하다.

_헬렌 켈러

Although the world is full of suffering,
it is also full of the overcoming of it.

_Helen Keller

우리는 때로는 좌절하고 낙담하게 되지만, 그 과정에서 더욱 강해지고 삶의 깊은 지혜를 얻게 됩니다. 고통이 우리를 성장시키는 과정이라는 사실을 받아들이는 것은 절대 쉽지 않지만, 불편한 상황 속에서도 우리는 자기 내면에 숨겨진 강인함을 발견하고, 더욱 탄력적인 인격을 형성하게 됩니다.

위로와 치유 | 문오영 ─────── 02

시간은 많은 상처를 치유한다.

_알프레드 테니슨

Time heals many wounds.

_Alfred Tennyson

인생에서 우리는 때때로 예상치 못한 깊은 상처를 받게 됩니다. 그 상처는 쉽게 아물지 않고, 시간이 지나도 계속 우리를 괴롭히는 것처럼 느껴질 수 있습니다. 하지만 시간이 흐르면서 고통은 서서히 흐려지고, 상처는 조금씩 아물어 갑니다. 시간은 상처를 완전히 없앨 수는 없지만, 그 상처를 다르게 바라보게 하고 극복할 힘을 줍니다. 그러니 희망을 잃지 말고, 치유의 시간을 믿어보세요.

위로와 치유 | 문오영 ─────────────────────────── **03**

가장 큰 모험은 당신의 꿈을 이루는 것이다.

_오프라 윈프리

The biggest adventure you can take
is to live the life of your dreams.

_Oprah Winfrey

인생에서 가장 큰 모험은 자신의 꿈을 이루는 과정입니다. 안전한 길 대신 도전적인 길을 선택할 때, 우리는 성장하고 한계를 넘으며 진정한 자아를 발견하게 됩니다. 물론 쉽지 않지만, 그만큼 보람차고 의미 있는 삶이 될 것입니다. 실패나 어려움이 있더라도 그 과정에서 얻는 경험은 소중한 자산이 됩니다. 용기를 내어 여러분의 꿈을 향한 모험을 시작하세요. 그것이 진정한 삶을 사는 길입니다.

위로와 치유 | 문오영 — 04

모든 것이 지나가리라.
고통도, 기쁨도, 두려움도.

_레오 톨스토이

All things will pass.
Pain, joy, and fear.

_Leo Tolstoy

고통, 기쁨, 두려움 등 우리가 삶에서 겪는 모든 감정은 결국 시간이 지나면서 사라집니다. 고통의 순간에서는 그 끝이 보이지 않지만, 시간이 흐르면 그 감정은 점차 흐려지고 일상으로 돌아갈 수 있습니다. 이 명언은 힘든 시기에도 고통이 영원하지 않다는 위로를 주며, 모든 것이 지나갈 것이라는 믿음으로 앞으로 나아갈 힘을 줍니다. 결국, 우리는 그 과정을 통해 더 단단해지고 성장할 수 있습니다.

위로와 치유 | 문오영

우리는 우리 자신의 불행에 직면하고,
그것을 이겨낼 힘을 얻는다.

_데일 카네기

We acquire the strength we have overcome.

_Dale Carnegie

어려움과 고난을 피하지 않고 마주할 때, 우리는 더 강해집니다. 힘든 상황에서는 도망치고 싶을 때도 있지만, 그 과정을 겪으면서 내면의 강인함을 발견하게 됩니다. 고통을 직면하고 극복하는 과정은 성장의 중요한 부분입니다. 불행을 두려워하지 않고, 그 속에서 배움을 찾는다면, 우리는 더욱 단단한 사람으로 거듭날 수 있습니다. 삶에 있어 도전은 우리가 더 나은 자신으로 나아가도록 돕는 중요한 기회가 됩니다.

....

....

....

....

....

위로와 치유 | 문오영 —————————————————— **06**

자신을 용서하는 것이야말로 진정한 치유의 시작이다.

_존 카바트 진

Forgiveness of yourself is the true beginning of healing.

_Jon Kabat-Zinn

우리는 때때로 과거의 실수나 후회 속에 갇혀 자신을 비난하며 살아가곤 합니다. 이런 마음의 짐을 내려놓지 못하면 계속해서 자신을 상처 입히는 악순환이 이어지죠. 그러나 자신을 용서하는 순간, 조금씩 마음의 평화가 찾아옵니다. 용서는 단지 남에게만 주는 선물이 아니라, 나 자신에게도 주는 가장 큰 선물입니다. 자신을 받아들이고 용서하는 과정이야말로 진정한 치유와 회복으로 가는 길임을 기억하며, 자기 자신을 감싸안는 용기를 가지시길 바랍니다.

위로와 치유 | 문오영 ─────────────────────── **07**

상처받은 영혼만이 다른 영혼을 치유할 수 있다.

_카를 융

Only a wounded soul can heal another soul.

_Carl Jung

어려운 시기를 겪을 때, 우리는 그 경험을 통해 타인의 어려움을 더 깊이 이해할 수 있는 계기를 맞이합니다. 당시에는 자신이 약하다고 느낄 수 있지만, 오히려 그 상처가 우리를 더 강하고 공감력 있는 사람으로 변화시킵니다. 내가 아팠던 시간이 다른 사람들을 치유할 힘을 얻는 중요한 과정이 된다는 것입니다. 그러니 상처가 있다면 부끄러워하지 말고, 드러내셔도 좋습니다. 그것을 통해 다른 사람들에게 위로와 용기를 줄 수 있기를 바랍니다.

위로와 치유 | 문오영 — 08

자신을 사랑하는 법을 배운다면,
세상은 당신을 치유할 것이다.

_리사 니콜스

If you learn to love yourself,
the world will heal you.

_Lisa Nichols

자신을 사랑하는 것은 우리가 생각하는 것보다 훨씬 중요합니다. 자신을 존중하지 않으면, 주변 사람들과의 관계도 어려워집니다. 자기 자신을 진정으로 받아들이고 사랑하기 시작하면, 세상을 보는 시각이 긍정적으로 바뀌고 타인의 사랑도 자연스럽게 받아들일 수 있게 됩니다. 작은 변화가 큰 차이를 만들어냅니다. 오늘부터라도 거울을 보며 자신에게 따뜻한 말 한마디를 건네보세요. 그 작은 순간들이 모여, 더 행복하고 건강한 삶으로 이어질 것입니다.

위로와 치유 | 문오영 — 09

우리의 상처는 우리의 가장 아름다운 부분이 될 수 있다.
_버지니아 울프

Our wounds can become our most beautiful parts.
_Virginia Woolf

상처를 받는 일은 누구에게나 힘들지만, 그 상처가 우리를 더 강하게 만들기도 합니다. 처음엔 아픔이 너무 커서 끝나지 않을 것처럼 느껴지지만, 시간이 지나면 그 상처가 오히려 나를 단단하게 해주는 경험이 됩니다. 상처는 우리가 더 깊이 공감할 수 있는 사람으로 변화시키고, 다른 이들에게도 위로를 줄 수 있는 힘이 되어줍니다. 아픔을 겪는 순간에도, 그것이 결국 나를 성장시키는 과정임을 기억하고 그 속에서 새로운 힘을 발견하는 것이 중요합니다.

위로와 치유 | 문오영 ──────────────── **10**

고통 없이 성장은 없다.

_파울로 코엘료

There is no growth without pain.

_Paulo Coelho

편안함만을 추구하면 우리는 그 자리에 머무를 뿐이지만, 어려운 상황을 마주할 때 비로소 한 단계 더 나아갈 수 있습니다. 고난 속에서 얻는 배움은 우리를 더 강하게 하고 새로운 길을 열어줍니다. 고통은 결코 피할 수 없지만, 그것을 통해 얻게 되는 성장과 성취는 그만큼 값진 것입니다. 삶의 고통과 어려움을 두려워하지 마세요. 어려움 속에서도 앞으로 나아가는 용기를 가지고, 더 나은 자신을 만들어 가야 합니다.

위로와 치유 | 문오영

어둠이 지나가야만 빛을 볼 수 있다.

_라빈드라나드 타고르

Only when darkness passes can we see the light.

_Rabindranath Tagore

어둠이 있어야만 빛을 볼 수 있다는 말은 우리에게 큰 위로를 줍니다. 인생에서 어려운 시기를 겪을 때, 그 순간이 영원히 지속될 것 같지만 결국 빛은 찾아옵니다. 힘든 시간을 견디는 동안 우리는 더 강해지고, 더 많은 것을 배울 수 있습니다. 어둠은 피할 수 없지만, 그 끝에 다가오는 빛을 믿으며 앞으로 나아가는 것이 중요합니다. 지금 어려움을 겪고 있다면, 그 속에서도 반드시 빛을 만날 날이 온다는 것을 잊지 마세요.

| 위로와 치유 | 문오영   **12**

삶이란 넘어지는 것, 다시 일어나는 것이다.

_빈센트 반 고흐

Life is about falling, and getting back up.

_Vincent van Gogh

큰 좌절을 겪고 모든 게 끝난 것처럼 느꼈던 시절이 있었습니다. 당시에는 왜 이런 일이 나에게 일어났는지 이해하지 못했지만, 시간이 흐르면서 그 순간이 나에게 얼마나 소중한 교훈이었는지를 알게 되었습니다. 좌절은 인생이 항상 순탄하지만은 않다는 사실을 일깨워 주고, 실패도 삶의 일부라는 사실을 상기시킵니다. 중요한 것은 넘어질 때마다 다시 일어설 수 있는 용기입니다. 실패 안에서 배우는 법을 알게 되면, 더 강해질 수 있음을 깨닫게 됩니다.

위로와 치유 | 문오영

자연은 치유할 수 있는 모든 것을 치유한다.

_히포크라테스

Nature heals everything that can be healed.

_Hippocrates

나는 늘 작품 마감이라는 끝없는 압박 속에서 살고 있습니다. 해야 하는 일이 쌓일 때면 가슴이 답답해지고, 밤이 깊어도 머리가 욱신거리며 잠이 오지 않습니다. 어느 이른 아침, 머릿속이 복잡해진 나는 가까운 공원으로 걸어 나갔습니다. 낙엽이 깔린 산책로를 천천히 걸으며 깊이 숨을 들이쉬자 풀과 흙의 향기가 맑고 상쾌하게 전해졌습니다. 벤치에 앉아 눈을 감고 천천히 숨을 내쉬고 들이마시자, 서서히 머리 통증이 사라졌습니다. 자연이 건네는 위안이 진정한 치유임을 깨달았습니다.

위로와 치유 | **문오영** — **14**

고통은 이해를 가져다준다.

_칼릴 지브란

Pain brings understanding.

_Kahlil Gibran

제 삶에서 겪었던 가장 큰 고통은 아끼던 사람을 잃은 것이었습니다. 그때는 그 슬픔과 상실감이 너무 커서 세상 모든 것이 무의미하게 느껴졌습니다. 그런데 어느 날 문득, 그 아픔 속에서 타인의 고통을 더 깊이 이해하게 되는 나를 발견하게 되었습니다. 내가 겪었던 그 고통이 다른 사람의 상처와 아픔을 공감하고, 더 나아가 치유의 손길을 내밀 수 있는 힘을 준 것입니다.

위로와 치유 | 문오영

어둠이 있어야 별이 빛난다.

_찰스 A. 비어드

Stars can't shine without darkness.

_Charles A. Beard

살다 보면 누구나 어둠 속에 갇힌 듯한 순간을 겪게 됩니다. 그 어둠 속에서는 앞이 보이지 않고, 어떻게 나아가야 할지 모른 채 막막함을 느끼곤 합니다. 이 명언은 처음엔 단순한 위로처럼 느껴졌습니다. 하지만 삶의 어두운 순간을 지나오며, 나는 그 말에 담긴 깊은 진실을 직접 경험하게 되었습니다. 깊고 힘든 시기를 겪을 때, 모든 것이 끝난 것처럼 느껴지지만, 그 어둠 속에서 작은 희망의 빛이 피어나는 순간이 찾아옵니다.

위로와 치유 | 문오영 — 16

위로는 슬픔을 가볍게 만들어준다.

_아리스토텔레스

Comfort makes sorrow lighter.

_Aristotle

사랑하는 사람과의 이별은 인생에서 가장 큰 슬픔 중 하나입니다. 소중한 사람과의 이별을 겪었을 땐, 그 슬픔은 말로 표현할 수 없을 만큼 컸습니다. 그렇지만 주변 사람들의 진심 어린 위로가 나를 조금씩 일으켜 세워 주었습니다. 누군가가 나의 이야기를 들어주고, 그냥 내 곁에 있는 것만으로도 그 슬픔은 조금 덜어진 느낌이 들었습니다. 아픔이 완전히 없어지지는 않더라도, 그 위로 덕분에 슬픔의 무게를 견딜 힘이 생겼습니다.

위로와 치유 | 문오영

치유는 과거를 잊는 것이 아니라,
받아들이는 것이다.

_미셸 드 몽테뉴

Healing is not about forgetting the past,
but accepting it.

_Michel de Montaigne

과거의 상처를 억지로 잊으려 하다 보면, 오히려 그 상처가 더 크게 다가오곤 합니다. 과거의 고통을 받아들이는 일은 결코 쉽지 않습니다. 하지만 그 아픔을 수용할 때 우리는 더 강해지고 성숙해집니다. 그 아픔이 내 인생에 어떤 의미를 남겼는지를 이해하게 되었을 때, 비로소 저는 그 고통 속에서 성장할 수 있었습니다.

위로와 치유 | 문오영 — 18

진정한 치유는 마음에서부터 시작된다.

_루이스 헤이

True healing begins in the heart.

_Louise Hay

언젠가부터 웃는 일이 줄었습니다. 감정을 숨기고, 아무 일도 아닌 듯 지내는 게 점점 익숙해졌습니다. 마음을 드러내는 건 두려웠고, 스스로 견디었습니다. 그러던 어느 날, 오랜 친구가 조심스럽게 말했습니다. "요즘 너, 예전 같지 않아." 그 한마디가 마음속을 울렸습니다. 그날 이후, 나는 내 안의 목소리에 조금씩 귀를 기울이기 시작했습니다. 감정을 솔직하게 표현하고, 나 자신에게 따뜻한 말을 건네는 연습을 하면서 무거웠던 마음이 한결 가벼워졌습니다. 진짜 치유는, 내 마음을 진심으로 들여다보는 데서 시작된다는 걸 그제야 알게 되었습니다.

위로와 치유 | 문오영

위로는 말보다 행동이 더 효과적이다.

_장 콕토

Comfort is more effective through actions than words.

_Jean Cocteau

몇 년 전, 내가 깊은 슬픔에 빠져있을 때, 어떤 친구는 매일 아침 제게 따뜻한 커피 한 잔을 들고 찾아왔습니다. 또 다른 친구는 주말마다 나를 데리고 나가 산책을 했습니다. 그들이 말하는 것은 오직 '난 네 곁에 있어'라는 무언의 메시지였지요. 우리는 종종 누군가를 위로할 때 적절한 말을 찾으려 애쓰곤 하지만 때로는 말 없는 위로가 가장 큰 힘을 발휘합니다. 아주 작은 행동 하나가 누군가에게는 세상을 바꿀 만한 큰 힘이 될 수 있습니다.

위로와 치유 | 문오영 — 20

치유는 시간이 필요하다.

_베키 마키

Healing takes time.

_Becky Mackie

어떤 아픔은 시간이 지나도 여전히 마음 한구석이 아릴 때가 있습니다. 삶에서 갈등은 피할 수 없는 일입니다. 갈등을 통해 우리는 더 성숙하고, 더 깊은 관계를 만들어갈 수 있습니다. 시간이 약이라는 말이 있듯이 치유에는 분명 시간이 필요합니다. 하지만 그 시간이 절대 헛되지 않다는 것을 배웠습니다. 우리는 그런 과정을 통해 더 강해지고, 더 이해심 깊은 사람이 될 수 있습니다.

....
....
....
....
....

7. 감사와 일상 | 이봉선

오늘 하루의 작은 행복에 감사하자.

_헨리 데이비드 소로

Let us be thankful for the small joys of today.

_Henry David Thoreau

아침에 마시는 따뜻한 커피 한 잔, 사랑하는 이의 환한 미소처럼 소소한 순간들에 감사할 줄 안다면 우리의 하루는 훨씬 더 따뜻하고 풍요롭게 다가옵니다. 이렇게 작은 행복들이 차곡차곡 쌓여 결국 삶의 큰 의미가 되고, 우리 안에 긍정의 에너지를 채워줍니다. 하루를 시작하는 이 순간, 잠시 멈추어 주변을 돌아보며 일상의 소중함을 되새겨 본다면, 평범한 하루가 특별한 선물처럼 느껴질 것입니다.

감사와 일상 | 이봉선 — 02

감사는 마음의 부유함을 키운다.

_세네카

Gratitude grows the richness of the heart.

_Seneca

우리가 가진 것에 감사할 때 마음은 더 넉넉해지고, 사랑하는 사람들과의 관계는 한층 더 깊어집니다. 작은 일에도 고마움을 느낀다면 그 따뜻한 마음은 서로에게 울림이 되어 사랑을 자라나게 합니다. 감사는 단순한 물질적 풍요를 넘어 내면의 평온과 행복으로 이어지며, 일상 속에서 소중한 순간과 작은 기적을 발견하게 합니다. 그렇게 쌓여가는 감사는 삶 전체를 더 밝고 풍요롭게 만들어 주고, 결국 우리는 마음이 진정으로 부유한 사람, '감사 부자'가 됩니다.

감사와 일상 | 이봉선 ─────────────────────────────── 03

매일 감사할 일이 하나는 꼭 있다.

_윌리엄 아서 워드

There's always something to be grateful for each day.

_William Arthur Ward

힘든 날에도 감사할 수 있는 작은 이유는 늘 존재합니다. 오늘의 작은 성취나 누군가의 따뜻한 말 한마디는 우리가 가진 것의 가치를 다시금 깨닫게 해줍니다. 감사의 마음은 하루를 더 의미 있게 만들고, 어려움 속에서도 희망을 잃지 않도록 지켜줍니다. 사소한 순간에도 고마움을 느낄 때 우리의 삶은 더욱 풍요로워집니다. 오늘도 내 곁에는 반드시 감사할 일이 있습니다. 잠시 멈추어 그것을 찾아보세요.

| 감사와 일상 | 이봉선 | **04**

현재에 충실할 때 감사가 따라온다.

_에크하르트 톨레

When we are present, gratitude follows.

_Eckhart Tolle

지금 이 순간에 온전히 집중하면 감사할 이유는 자연스럽게 드러납니다. 바쁜 일상 속에서도 작은 것들에 고마움을 느낄 때 마음은 편안해지고 평화로워집니다. 그런 태도는 불필요한 걱정을 덜어내고, 일상이 주는 기쁨을 더 깊이 맛보게 합니다. 오늘 하루를 성실히 살아냈다면 그 자체로 이미 감사할 일입니다. 감사는 현재를 풍요롭게 하고, 내일을 더 단단하고 따뜻하게 만들어 줍니다.

감사와 일상 | 이봉선　05

감사하는 행위, 그것은 벽에다 던지는 공처럼 언제나 자신에게 돌아온다.

_이어령

The act of being grateful, like a ball thrown against a wall, always returns to you.

_Lee Eo-ryeong

감사는 남을 향해 건네는 작은 마음 같지만, 그 마음은 다시 나에게 돌아와 마음을 풍요롭게 합니다. 사소한 순간에도 감사할 줄 알 때, 평범한 하루가 빛나는 선물로 변합니다. 고마움은 내 마음을 다정히 감싸며 삶에 더 깊은 울림을 더해 줍니다. 작은 감사가 차곡차곡 쌓일수록 우리는 더 따뜻해지고, 더 행복해집니다. 결국 감사는 남에게 전한 마음이자, 다시 나에게 되돌아오는 가장 소중한 축복입니다.

감사와 일상 | 이봉선   06

작은 것에 감사할 때 큰 것이 다가온다.

_오프라 윈프리

Big things come when we are grateful for the small ones.

_Oprah Winfrey

작은 것에 감사할 줄 아는 마음은 결국 더 큰 축복을 불러옵니다. 일상 속에서 스쳐 지나가기 쉬운 사소한 기쁨에도 고마움을 느낄 때, 우리의 삶은 점점 더 풍요로워지고 따뜻해집니다. 이러한 태도가 몸에 배면, 힘들고 어려운 순간에도 우리는 여전히 긍정적인 에너지를 잃지 않게 되고, 감사의 마음이 다시 힘이 되어 더 큰 행복으로 나아가게 됩니다. 결국 작은 것에 대한 감사는 더 큰 행복으로 이어지는 다리이자, 삶 전체를 밝히는 빛이 되어 줍니다.

감사와 일상 | 이봉선 — 07

감사일기를 쓰고 감사를 말하면 감사한 일들이 생기는
놀라운 경험을 하게 될 것이다.

_와일즈

If you write a thank you and say thank you,
you'll have an amazing experience of things
that you're thankful for.

_Wilds

매일 아침 감사일기를 쓰며 하루를 시작하면 마음이 따뜻해지고, 일상의 작은 순간들도 특별하게 다가옵니다. 감사를 글로 기록하고 입으로 나누는 동안, 예상치 못한 좋은 일들이 찾아와 우리의 하루는 더욱 빛나게 됩니다. 그렇게 쌓인 감사는 또 다른 감사로 이어지며, 평범한 날들 속에서도 행복을 발견할 수 있게 해줍니다. 함께 나누는 감사일기는 서로의 마음을 북돋아 주고 삶을 더 단단하게 만들어 주며, 결국 우리에게 더 큰 기쁨과 위로가 되어 돌아옵니다. 감사의 습관은 우리를 더 행복한 삶으로 이끌고, 그 과정에서 삶의 진정한 가치를 깨닫게 해줍니다.

감사와 일상 | 이봉선 — 08

감사는 마음의 평온을 가져다준다.

_마틴 셀리그먼

Gratitude brings peace to the heart.

_Martin Seligman

감사는 언제나 우리의 마음을 평온하게 합니다. 힘든 순간이 찾아와도, 곁에 있는 사랑과 작은 배려에 감사할 수 있다면 마음은 다시 평화를 찾습니다. 감사의 감정은 나를 지켜주는 힘이 되어, 삶의 무게 앞에서도 흔들리지 않게 해줍니다. 결국 감사하는 마음 속에서 우리는 진정한 행복과 평온을 만나게 됩니다.

감사와 일상 | 이봉선 — 09

아침에 눈을 뜨자마자 먼저 감사한 일을 머릿속에 그리려고 노력했다.
그것은 행복과 건강을 가져다주는 습관이다.

_데일 카네기

As soon as I woke up in the morning,
I tried to draw something grateful in my head first.
It is a habit that brings happiness and health.

_Dale Carnegie

아침에 눈을 뜨는 순간, 감사한 일을 떠올리는 것만으로도 하루는 새로운 시작이 됩니다. 작은 것 하나에도 고마워할 줄 아는 마음은 하루의 첫걸음을 밝게 열어주며, 몸과 마음을 건강하게 지켜주는 힘이 됩니다. 이렇게 쌓여가는 작은 습관들은 결국 삶을 더 풍요롭고 깊게 만들어 주며, 행복은 자연스레 우리 곁에 머물러 하루하루를 환하게 채워줍니다.

....
....
....
....
....

감사와 일상 | 이봉선

10

감사를 표현하는 가장 좋은 방법은
모든 것을 기쁨으로 받아들이는 것이다.

_마더 테레사

The best way to express gratitude
is to take everything with joy.

_Mother Teresa

감사는 마음으로 기쁘게 받아들이는 태도에서 시작됩니다. 오늘의 작은 성취에도, 사랑하는 사람의 응원과 지지에도 감사할 때 우리는 더 큰 기쁨을 경험하게 됩니다. 가족에게 먼저 감사하세요. 감사를 표현하는 순간순간이 모여 우리의 하루는 더욱 따뜻해지고, 결국 모든 것은 감사로 이어져 우리에게 가장 큰 기쁨이 됩니다.

감사와 일상 | 이봉선

감사는 삶을 바라보는 새로운 시각을 준다.

_웨인 다이어

Gratitude gives a new perspective on life.

_Wayne Dyer

감사는 힘든 순간조차도 새로운 눈으로 바라보게 하는 힘이 있습니다. 작은 배움이나 도움에도 감사할 때, 복잡한 삶은 이해와 수용으로 바뀌어 마음이 한결 가벼워집니다. 우리를 단단하게 만들고, 과거의 기억을 현재의 행복으로 이어집니다. 감사의 마음은 삶의 의미를 깊게 하고, 앞으로 나아갈 길을 긍정적으로 밝혀줍니다. 결국 감사는 우리에게 다시 힘을 주고 더 밝은 삶으로 이끌어 줍니다.

....
....
....
....
....

감사와 일상 | 이봉선 — 12

감사를 표현하는 것은 사랑을 표현하는 것이다.

_모니카 크레이겐 켈러

Expressing gratitude is expressing love.

_Monica Kreiger Keller

감사의 마음을 표현하는 것은 단순한 예의가 아니라 관계를 더 깊게 만드는 힘입니다. 누군가에게 진심 어린 고마움을 전할 때, 그들은 자신이 소중한 존재임을 느끼고 마음이 따뜻해집니다. 감사는 사랑의 또 다른 모습이며, 그 안에는 상대를 향한 존중과 애정이 담겨 있습니다. 이러한 감사가 서로의 마음을 이어줄 때, 우리는 더 깊고 의미 있는 관계를 맺게 되고 삶은 더욱 행복으로 채워집니다. 결국 감사는 사랑을 전하는 가장 따뜻한 언어입니다.

감사와 일상 | 이봉선

소중한 순간을 기억하며 감사하자.

_마르셀 프루스트

Let us be grateful as we remember precious moments.

_Marcel Proust

과거의 소중한 기억을 떠올리며 감사하는 일은 우리에게 다시금 따뜻한 감정을 불러옵니다. 행복했던 순간을 회상할 때, 그때 느꼈던 사랑과 기쁨이 되살아나 현재에도 감사할 수 있는 마음이 생깁니다. 지나간 순간들이 오늘의 행복과 연결될 때, 우리는 삶의 의미를 더욱 깊이 느끼게 됩니다. 우리를 긍정적으로 이끌고, 앞으로 나아갈 힘을 선물합니다. 결국 기억 속 감사는 미래를 밝히는 등불이 됩니다.

감사와 일상 | 이봉선 — 14

작은 일에 감사하면 큰 축복이 온다.

_마야 안젤루

When we give cheerfully and accept gratefully,
everyone is blessed.

_Maya Angelou

일상 속 사소한 순간에 감사할 줄 아는 마음은 우리의 삶을 더욱 빛나게 합니다. 작은 것에도 고마움을 느낄 때, 우리는 그 안에서 예상치 못한 기쁨과 소중한 기회를 발견하게 됩니다. 그렇게 쌓인 감사는 마음을 따뜻하게 하고, 삶을 긍정으로 채워주며, 더 큰 축복을 맞이할 수 있는 준비가 되었다는 믿음을 줍니다. 감사는 큰 축복입니다.

감사와 일상 | 이봉선

감사는 가장 위대한 미덕일 뿐만 아니라 모든 미덕의 어머니이다.

_마르쿠스 툴리우스 키케로

Gratitude is not only the greatest of virtues,
but the parent of all others.

_Marcus Tullius Cicero

감사는 모든 미덕의 뿌리이자 시작입니다. 감사하는 마음이 바탕이 될 때, 우리는 친절할 수 있고, 공감할 수 있으며, 이해와 나눔을 실천할 수 있습니다. 이러한 태도는 도덕적 삶의 중심을 이루며, 우리의 인격을 더욱 깊고 풍요롭게 합니다. 마치 부모가 자녀를 키우듯, 감사는 다른 모든 미덕을 길러내어 우리 삶을 더 고귀하게 만듭니다. 결국 감사는 인간다운 삶을 가능하게 하는 근원적 힘입니다.

감사와 일상 | 이봉선 — 16

감사는 일상 속에서 찾을 수 있다.

_헬렌 켈러

Appreciation can be found in everyday life.

_Helen Keller

반복되는 하루 속에도 감사할 이유는 언제나 존재합니다. 따뜻한 아침 식사나 창가로 스며드는 햇살처럼 사소해 보이는 순간에도 소중한 의미가 담겨 있습니다. 순간 순간 마음을 열고 감사할 때, 우리는 더 깊은 행복과 삶의 의미를 느낄 수 있습니다. 작은 감사가 차곡차곡 모이면 우리의 하루는 더욱 따뜻하고 풍요로워집니다. 결국 감사는 특별한 것이 아니라, 일상 속에서 발견할 수 있는 가장 귀한 보물입니다.

감사와 일상 | 이봉선

감사를 느끼면서 표현하지 않는 것은
선물을 포장해 놓고 주지 않는 것과 같다.

_윌리엄 아서 워드

Feeling grateful and not expressing
it is like wrapping a gift and not giving it.

_William Arthur Ward

감사를 마음속에만 간직한다면, 그것은 포장해 놓고 건네지 못한 선물과 같습니다. 진심 어린 감사는 표현될 때 비로소 힘을 발휘하며, 서로의 마음을 따뜻하게 이어주는 다리가 됩니다. 작은 고마움이라도 먼저 표현하면 우리의 하루는 한층 밝아지고, 감사는 일상 속에서 기쁨을 키우는 씨앗이 되어 삶을 더 풍요롭고 따뜻하게 만듭니다. 결국 감사를 표현하는 일은 행복한 삶으로 나아가는 가장 확실하고 아름다운 길이 됩니다.

감사와 일상 | 이봉선 — 18

감사를 배우면 행복이 온다.

_탈 벤-샤하르

Happiness comes when we learn to be grateful.

_Tal Ben-Shahar

감사하는 법을 배우는 순간, 우리는 행복으로 가는 길에 들어서게 됩니다. 작은 것에도 감사할 줄 아는 마음이 쌓이면 삶의 만족이 높아지고, 더 큰 기쁨이 찾아옵니다. 감사의 태도는 어려운 순간에도 긍정적인 마음을 지켜주어 삶을 더욱 의미 있게 만듭니다. 그렇게 쌓인 감사는 우리를 더 행복하고 풍요롭게 만들며, 작은 일에도 고마움을 느끼는 습관은 삶을 바꾸는 힘이 됩니다. 결국 감사는 행복을 불러오는 가장 확실한 열쇠입니다.

감사와 일상 | 이봉선   **19**

작은 일에 감사하면 큰 축복이 온다.

_조셉 머피

Great blessings come when we are grateful for small things.

_Joseph Murphy

작은 일에 감사할 줄 아는 태도는 결국 더 큰 축복으로 이어집니다. 일상의 사소한 순간에도 고마움을 느낄 때, 우리는 더 많은 긍정적인 경험과 기회를 발견하게 됩니다. 이런 마음가짐은 삶을 풍요롭고 따뜻하게 채우며, 행복의 깊이를 넓혀줍니다. 소소한 감사가 쌓이면 결국 큰 변화를 이끌어내고, 우리의 삶을 한층 더 의미 있게 만들어 줍니다. 결국 작은 것에 대한 감사는 큰 행복으로 가는 시작점입니다.

감사와 일상 | 이봉선 — 20

감사는 우리가 가진 것을 존중하게 해준다.

_에픽테토스

Gratitude helps us respect what we have.

_Epictetus

감사하는 마음은 우리가 가진 것들을 새롭게 바라보게 합니다. 이미 내 곁에 있는 것들 속에서 진정한 행복을 발견하게 됩니다. 가진 것에 대한 존중이 깊어질수록 삶의 의미와 소중함을 더 잘 이해하게 되고, 우리는 더욱 깊이 있는 삶을 살아갈 수 있습니다. 감사는 현재를 소중히 여기게 하고, 작은 순간에도 행복을 느끼게 하는 힘이 됩니다. 결국 감사는 우리 삶을 풍요롭고 의미 있게 채워주는 가장 단순하면서도 강력한 길입니다.

8. 행복과 평화 | 이경숙

행복은 우리가 느끼는 기쁨에 달려 있다.

_아리스토텔레스

Happiness depends upon the joy we feel.

_Aristotle

행복의 시작은 자신을 사랑하고 존중하는 것에서 비롯됩니다. 스스로 긍정적인 말을 건네고 자신의 가치를 인정하며, 현재 가진 것에 감사하는 마음을 가지는 것이 중요하지요. 더 많은 것을 바라는 욕심은 끝이 없지만, 지금의 자신에게 만족한다면 진정한 행복에 다가갈 수 있을 거예요. 결국 행복은 내면의 평화에서 오며, 긍정적인 마음가짐과 자기 수용을 통해 우리는 어떤 상황에서도 행복을 찾을 수 있습니다.

행복과 평화 | 이경숙 — 02

평화는 내면에서 오는 것이다.
그것 없이는 진정한 평화는 없다.

_달라이 라마

Peace comes from within.
Do not seek it without.

_Dalai Lama

진정한 평화는 마음 깊은 곳에서 시작됩니다. 마음이 평온하고 행복해야 외부 상황에서도 평화로운 삶을 살 수 있다고 합니다. 마치 잔잔한 호수에 돌을 던지면 파장이 일듯, 우리 마음의 불안과 분노는 외부에 영향을 미치지만, 평온한 마음은 주변에 평화를 퍼뜨리기도 하니까요. 따라서 진정한 평화를 위해서는 외부 환경을 바꾸기보다 내면의 평화를 찾는 노력이 필요합니다. 명상, 자연과의 교감, 사람들과의 관계를 통해 내면의 평화를 만나보세요.

행복과 평화 | 이경숙　　　　　　　　　　　　　　　　　　　　　　　**03**

행복은 자신을 사랑하는 것이다.

_루이자 메이 올콧

Happiness is loving yourself.

_Louisa May Alcott

자신을 사랑한다는 것은 자신의 감정, 생각, 그리고 결점까지도 있는 그대로 받아들이는 것을 의미합니다. 완벽하지 않은 자신을 사랑할 때, 진정한 행복을 느낄 수 있습니다. 남들의 시선에 흔들리지 않고, 스스로 긍정적인 메시지를 전달하며 살아갈 때 우리는 더욱 건강하고 행복한 삶을 살게 됩니다. 자기 사랑은 다른 사람을 사랑하게 하고 삶의 어려움을 이겨낼 힘을 줍니다.

행복과 평화 | 이경숙　　　　　　　　　　　　04

평화는 사랑에서 비롯된다.

_마더 테레사

Peace begins with love.

_Mother Teresa

인간관계 속에서 피어나는 따뜻한 마음이 진정한 평화의 시작입니다. 마치 작은 물방울들이 모여 바다를 이루듯, 개인의 작은 사랑이 모여 세상을 평화롭게 만드는 기적. 평화는 우리 안의 사랑이라는 작은 씨앗에서부터 시작된다는 것입니다. 가족, 친구, 이웃을 더욱 사랑하고 진정한 평화를 느껴보세요.

행복과 평화 | 이경숙 — 05

기쁘게 일하고, 해 놓은 일을 기뻐하는 사람은 행복하다.

_괴테

He who works with pleasure
and sees his work already done is happy.

_Goethe

일은 즐거움을 찾는 과정입니다. 결과에만 집중하기보다, 일하는 과정 자체를 즐기는 자세가 중요하지요. 이는 곧 내적 동기 부여로 이어져 자신에게 더욱 집중하게 만들고, 삶의 만족도를 높여줍니다. 또한, 일과 삶의 균형은 행복한 삶을 위한 필수 요소입니다. 오늘은 일에만 몰두하기보다는 충분한 휴식과 여가를 통해 재충전하기로 해요.

행복과 평화 | 이경숙 — 06

우리는 사랑하는 사람들과 함께할 때 가장 행복하다.

_토마스 아퀴나스

We are happiest when we are with the people we love.

_Thomas Aquinas

인간은 혼자 살 수 없는 존재입니다. 우리는 관계 속에서 의미와 행복을 찾으며, 평화롭게 사랑하는 사람들과 함께할 때 안정감을 느낍니다. 가족, 친구, 연인 등 소중한 사람들과의 유대는 우리에게 힘든 시기를 견뎌낼 용기를 주고, 성장하는데 큰 힘이 됩니다. 소중한 사람들과 함께하며 더 큰 행복을 함께 느껴보세요.

| 행복과 평화 | 이경숙 — 07

행복은 작은 것에서 시작된다.

_헬렌 켈러

Happiness begins with small things.

_Helen Keller

행복은 거창한 것이 아니라, 우리 주변의 작은 기쁨들로 이루어집니다. 따뜻한 햇볕 아래 책을 읽고, 좋아하는 음식을 먹고, 사랑하는 사람과 대화하는 순간들이 우리의 삶을 풍요롭게 해줍니다. 긍정적인 마음가짐은 작은 행복을 발견하는 열쇠이죠. 세상을 긍정적으로 바라보고 감사하는 마음을 가지면 더 많은 행복을 느낄 수 있어요. 현재의 작은 행복을 놓치지 말고 만끽하는 하루 되시길 바랍니다.

행복과 평화 | 이경숙 ───────────── **08**

가장 행복한 사람은 주어진 여건에서 최고의 것을 만들어내는 사람이다.

_랄프 왈도 에머슨

The happiest man is he who learns from nature the lesson of worship.

_Ralph Waldo Emerson

진정한 행복은 외부적인 조건에 얽매이지 않고, 자신의 상황에서 최선을 다할 때 찾아옵니다. 행복은 화려하거나 완벽한 삶에서 오는 것이 아니라, 자신이 가진 것으로 만족하며 성장하려는 노력에서 비롯됩니다. 마치 정원사가 작은 화분에서도 아름다운 꽃을 피워내듯, 우리도 주어진 환경 속에서 최고의 결과를 만들어낼 수 있어요.

행복과 평화 | 이경숙

행복은 단순함에서 온다.

_헨리 데이비드 소로

Happiness comes from simplicity.

_Henry David Thoreau

복잡한 세상에서 우리는 더 많은 것을 추구하지만, 진정한 행복은 단순한 삶 속에서 발견할 수 있습니다. 단순함이란 복잡한 것을 줄이고, 중요한 것에 집중하는 삶입니다. 필요한 물건만 소유하고, 불필요한 관계를 정리하며, 현재에 집중할 때 마음은 편안해지고 스트레스는 줄어요. 자연을 감상하거나, 소중한 사람과 대화를 나누고, 햇살을 즐기며 행복을 느껴보세요.

행복과 평화 | 이경숙 — 10

평화는 상호 이해에서 시작된다.

_알버트 슈바이처

Peace begins with mutual understanding.

_Albert Schweitzer

평화는 다른 사람의 입장에서 생각하고, 그들의 가치관과 문화를 존중할 때 이루어집니다. 이해하려는 노력 없이는 갈등과 오해가 생기기 쉽고, 이는 결국 불화와 대립으로 이어질 수 있습니다. 마치 거울을 보듯, 우리는 서로에게서 자기 모습을 볼 수 있어야 합니다. 서로의 다름을 인정하고 존중할 때, 누구와도 평화로운 관계를 이어갈 수 있어요.

행복과 평화 | 이경숙

행복은 지금, 이 순간에 있다.

_에크하르트 톨레

Realize deeply that the present moment is all you everhave.

_Eckhart Tolle

우리는 종종 미래의 행복을 꿈꾸거나 지나간 행복을 그리워하며 현재를 놓치곤 합니다. 현재에 집중하고 감사하는 마음을 가지는 것이 중요해요. 과거의 후회나 미래에 대한 불안은 행복을 가로막을 뿐입니다. 시간은 끊임없이 흘러가고, 지나간 시간은 돌아오지 않으며 미래는 아직 오지 않았습니다. 가장 확실한 행복은 바로 지금, 이 순간 우리 곁에 있습니다.

행복과 평화 | 이경숙 — 12

평화는 행동을 통해서 이루어진다.

_마틴 루터 킹 주니어

Peace is achieved through action.

_Martin Luther King Jr.

평화는 단순히 바라는 마음만으로 이루어지지 않습니다. 평화로운 세상을 만들기 위해 우리 모두 적극적인 행동을 해야 해요. 평화는 추상적인 개념이 아니라, 봉사활동, 인권운동, 환경보호 등 구체적인 실천을 통해 이루어지는 가치입니다. 또한, 일상에서 배려와 존중을 실천해 보세요. 오늘 당장 주변 사람들에게 따뜻한 말 한마디를 건네는 작은 실천을 추천드려요.

행복과 평화 | 이경숙

행복은 여행이지, 목적지가 아니다.

_소크라테스

Happiness is a journey, not a destination.

_Socrates

우리는 종종 행복을 목적지로 생각하며 정상에 오르면 행복해질 것이라 믿지만, 인생은 직선의 길이 아닌 굽이진 여정과 같습니다. 그것은 행복이 특정 순간이나 목표에 도달했을 때 느껴지는 것이 아니라, 삶의 과정 속 모든 순간이 모여 만들어진다는 것을 의미합니다. 여행에서 목적지보다 여정 속 다양한 풍경과 사람들, 그 속에서 느끼는 감정들이 소중한 것처럼, 목표를 향해 나아가는 설렘, 도전과 성취감이 모두 행복의 일부입니다.

행복과 평화 | 이경숙 — 14

인생은 평화와 행복만으로는 지속될 수 없다.
고통과 노력이 필요하다.

_롤프 메르쿨레

It cannot last.
Pain and effort are necessary.

_Rolf Merkle

인생에는 행복만 존재할 수 없습니다. 밤이 있어 낮이 더욱 빛나듯, 고통과 실패는 우리를 성장시키고 강하게 만드는 기회가 되지요. 인생은 평탄한 길이 아니라, 오르막과 내리막이 반복되는 여정입니다. 어려움 앞에서 좌절하기보다는 이를 극복하려는 노력을 통해 우리는 더욱 단단하고 성숙한 사람으로 거듭날 수 있습니다. 결국, 행복은 고통을 이겨내며 얻는 값진 선물입니다. 고통과 노력을 통해 얻어낸 행복은 더욱 깊고 의미 있게 느껴지기 마련입니다.

행복과 평화 | 이경숙

행복은 작은 것에 감사하는 마음이다.

_벤자민 프랭클린

Happiness is a thankful heart for the little things.

_Benjamin Franklin

우리는 자주 큰 행복을 꿈꾸며 살아갑니다. 로또 당첨, 큰 성공, 완벽한 삶처럼 말이지요. 하지만 살아볼수록 진정한 행복은 그런 거창한 것에서 오는 것이 아니라, 일상 속 작은 것에서 온다는 것을 알게 되었습니다. 우리 주변에는 행복을 느낄 수 있는 작은 순간들이 가득합니다. 작은 것에 감사하는 마음은 긍정적인 마음을 키우고, 스트레스를 줄여줍니다. 또한, 주변 사람들과의 관계를 더욱 돈독하게 만들고, 삶의 만족도를 높여줍니다.

행복과 평화 | 이경숙 — 16

나는 미래에 대해 생각하는 법이 없다.
어차피 곧 닥치니까.

_아인슈타인

I never think of the future.
It comes soon enough.

_Albert Einstein

마치 기차 여행처럼, 우리는 미래라는 역에 도착하기 위해 현재라는 역을 지나고 있습니다. 미래를 걱정하며 현재를 놓치기보다는, 지금, 이 순간에 최선을 다하고 감사하는 것이 진정한 행복의 비결입니다. 예측할 수 없는 미래가 아닌, 현재를 스스로 만들어갈 수 있다는 사실은 우리 삶의 큰 축복입니다. 그러니 불안과 걱정은 잠시 내려놓고, 현재에 온 마음을 담아 살아가야 합니다. 삶의 진정한 가치는 바로 오늘, 이 순간에 있습니다.

행복과 평화 | 이경숙 —————————————— 17

즐겁게 낭비한 시간은 낭비가 아니다.

_존 레논

Time spent enjoying oneself is not time wasted.

_john lennon

우리는 흔히 시간을 효율적으로 사용해야 한다고 생각하지만, 때로는 시간을 낭비하는 것처럼 보이는 일들이 삶을 풍요롭게 만들어 주지요. 즐거움을 위해 시간을 사용하는 것은, 삶에 활력을 더하는 양념과도 같습니다. 좋아하는 취미를 즐기거나 친구들과 시간을 보내는 일은 스트레스를 해소하고 행복을 충전하는 소중한 시간입니다. 중요한 것은 시간을 얼마나 낭비했느냐가 아니라, 그 시간을 통해 무엇을 얻느냐입니다.

행복과 평화 | 이경숙 — 18

침상에 누울 때,
내일 아침 일어나는 것을 즐거움으로 여기는 사람은 행복하다.

_레오 톨스토이

Everyone thinks of changing the world,
but no one thinks of changing himself.

_Leo Tolstoy

어릴 적 소풍 전날이나 크리스마스를 기다리며 설레는 마음으로 잠자리에 들던 기억이 있습니다. 내일을 기대하며 오늘을 즐기는 그 순간이야말로 참 행복한 시간이었어요. 내일이라는 미지의 모험을 기대하며 현재를 충분히 만끽할 때, 삶은 더욱 풍요로워질 겁니다. 우리 삶을 바라보는 창을 깨끗하게 닦아주고, 어려움 속에서도 희망을 잃지 않는 것. 결국, 행복이란 오늘을 충실히 살고 내일의 새로운 행복을 기대하는 작은 설렘을 품고 사는 것입니다.

행복과 평화 | 이경숙

행복은 스스로의 선택이다.
다른 사람에게 의존하지 말라.

_에픽테토스

Happiness is a choice you make for yourself.
Do not depend on others.

_Epictetus

행복은 스스로 선택하는 것입니다. 남이 만들어 주는 것이 아니라, 마치 그림을 그리듯 내 삶의 색깔을 직접 선택하고 디자인해야 해요. 물론 주변 환경이나 다른 사람들의 영향이 있을 수 있지만, 어떤 상황에서도 긍정적인 면을 찾고, 감사하는 마음을 가지면 행복에 더 가까워질 수 있습니다. 남을 탓하기보다는 스스로 문제를 해결하고, 자신을 사랑하며 행복을 찾는 것이 진정한 행복의 시작입니다.

행복과 평화 | 이경숙

20

행복의 한도는 인격에 의해 결정된다.

_플라톤

The limit of happiness is determined by character.

_Platon

행복은 마치 꽃이 아름다운 씨앗에서 피어나듯, 훌륭한 인격에서 싹트는 것입니다. 이는 행복이 남이 만들어주는 것이 아니라 내가 어떤 사람이 되느냐에 따라 달라진다는 뜻입니다. 진정한 행복은 내면의 성숙에서 비롯됩니다. 정직, 용기, 배려 같은 내면의 가치를 중요시하며, 끊임없이 성장하려는 노력 속에서 행복을 찾을 수 있습니다. 어떤 상황에서도 긍정적인 태도를 유지하는 것이 행복을 위한 첫걸음입니다.

성장과 도전

09	10	11	12
자기 계발 유양석	**인내와 끈기** 이현옥	**용기와 도전** 유형재	**희망과 긍정** 김미숙

명언은 어떻게 삶의 힘이 되는가

9. 자기 계발 | 유양석 — 01

생각하는 대로 살지 않으면 사는 대로 생각하게 된다.

_폴 발리

If you don't live as you think,
you will think as you live.

_Paul Valry

한동안은 그저 바쁘게 살아내기에 급급했지만, 어느 날 스스로에게 물었습니다. "지금 내가 진정으로 원하는 삶을 살고 있는가?" 내가 원하는 삶을 살고 있는지를 생각해보게 되었습니다. 일상의 사소한 일들에 묻혀 어느새 주어진 환경에서만 사는 나를 발견하게 된 것이지요. 우리 진정으로 바라는 바를 항상 마음 속에 새기고 생각하며, 그것을 실천하기 위해 노력하는 삶을 살아가요.

자기 계발 | 유양석 — 02

성공이란 자신을 좋아하고,
자신이 하는 일을 좋아하며,
자신이 하는 방식으로 그것을 좋아하는 것이다.

_마야 안젤로

Success is liking yourself,
liking what you do,
and liking how you do it.

_Maya Angelou

한때는 남들의 시선을 의식하며 겉으로 드러나는 성취에 집착했습니다. 그러나 세월을 지나오며 진정한 성공은 자신을 긍정하고, 자신이 하는 일을 사랑하며, 그것을 자신의 방식으로 즐기는 데 있다는 사실을 깨달았습니다. 앞으로는 스스로를 존중하며 내가 좋아하는 일을 나다운 방식으로 이어가려 합니다.

자기 계발 | 유양석

새로운 목표를 설정하거나 새로운 꿈을 꾸기에 늦은 나이는 없다.

_C.S. 루이스

You are never too old to set another goal
or to dream a new dream.

_C.S. Lewis

어느 때는 새로운 도전을 시작하는 것이 두렵게 느껴졌습니다. 그러던 중 문화센터의 데생 강좌를 보게 되었고, 마음속 깊이 묻어두었던 그림의 꿈이 다시 깨어났습니다. 연필을 잡는 순간 학창 시절의 설렘이 살아났고, 미소가 번졌습니다. 그때 알았습니다. 꿈은 언제든 다시 시작할 수 있다는 것을요.

자기 계발 | 유양석 — **04**

인생에서 가장 중요한 것은 행복을 추구하는 것이다.
그것이 전부다.

_오드리 헵번

The most important thing in life is to be happy.
That's all that matters.

_Audrey Hepburn

인생에서 가장 중요한 것은 무엇일까요? 저는 삶의 우선순위를 다시 정리해 보았습니다. 행복을 추구하는 것이야말로 삶의 궁극적인 목표임을 깨닫게 되었습니다. 그리고 일상의 소소한 순간들 속에서 행복을 찾기 시작했습니다. 이제는 작은 일에도 감사하며 진정한 행복한 삶을 살아가고 있다고 생각합니다.

자기 계발 | 유양석

나이를 먹는 것은 피할 수 없지만,
나이 드는 것은 선택이다.

_조지 번즈

You can't help getting older,
but you don't have to get old.

_George Burns

나이는 숫자에 불과하다고 생각합니다. 세월이 흘러도 배움과 성장을 멈추고 싶지 않습니다. 나이를 먹는다는 것은 우리의 선택이 아닌 자연스러운 시간의 흐름입니다. 중요한 것은 나이가 아니라 마음가짐입니다. 새로운 도전을 하고 세월이 흘러도 배움과 성장을 멈추고 싶지 않습니다. 마음이 시키는 일을 하겠습니다.

....
....
....
....
....
....

자기 계발 | 유양석 — 06

모든 전문가도 한때는 초보자였다.

_헬렌 헤이스

The expert in anything was once a beginner.

_Helen Hayes

새로운 일을 시작할 때 막막하고 자신감이 떨어지며, 결과가 좋지 않을 것 같아 포기하고 싶은 마음이 들기도 합니다. 저는 그럴 때마다 이 명언을 다시 한번 되새깁니다. 누구나 초보였던 시기가 있었다는 사실을 떠올려 봅니다. 모든 전문가가 많은 시행착오를 거쳤을 거라는 생각이 저에게 큰 위안이 되었습니다. 매일 조금씩 성장하며 나아갈 때, 힘겨워도 한 발 더 내딛는 용기의 중요성을 깨닫습니다.

자기 계발 | 유양석

당신이 할 수 있다고 믿어라.
그러면 이미 반은 이룬 것이다.

_시어도어 루스벨트

Believe you can and you're halfway there.

_Theodore Roosevelt

저는 어떤 일을 할 때 나는 할 수 있다고 스스로 다짐합니다. 큰 소리로 말하면 걱정도 사라지고 자신감이 생깁니다. 중요한 결정들을 내릴 때마다 이 명언을 떠올리며 힘을 얻습니다. 자신을 믿는 것이 얼마나 중요한지, 그 믿음이 얼마나 강력한 힘을 가지는지 깨닫게 됩니다. 여러분도 어떤 어려움에 부닥치든, 자신을 믿고 나아가길 바랍니다. 그러면 이미 목표의 반은 이룬 셈입니다.

자기 계발 | 유양석 ──────────────── 08

시간의 도둑은 미루는 것이다.

_에드워드 영

Procrastination is the thief of time.

_Edward Young

시간을 잘 관리하는 것은 우리의 삶을 더 효율적이고 의미 있게 만드는 중요한 일입니다. 미루지 말고 지금 해야 할 일을 바로 시작하는 습관을 들여야 합니다. 미루지 않고 해내려고 노력해야 합니다. 시간을 도둑맞지 않기 위한 저만의 방법은, 내가 미루고 싶은 일을 먼저 한다는 것입니다. 그렇게 하면 새로운 일을 할 시간을 얻을 수 있고, 마음의 여유도 생기게 됩니다. 여러분도 미루는 습관을 버리고 지금 바로 시작해 보세요!

자기 계발 | 유양석 — 09

인생에서 실패한 사람의 대부분은
성공이 눈앞에 왔는데도 모르고 포기한 사람들이다.

_토머스 에디슨

Many of life's failures are people who did not realize
how close they were to success when they gave up.

_Thomas Edison

성공은 생각보다 더 가까이 있을 때가 많습니다. 하지만 우리는 종종 지치고, 눈앞의 실패에만 집중하게 되어 그 성공의 문턱을 보지 못할 때가 많습니다. 만약, 지금 내가 하는 도전에 대해 포기를 염두에 두고 있다면, 용기를 내 한 걸음 더 나아가 보세요. 성공은 어쩌면 바로 그 다음 걸음에 있을지도 모릅니다.

자기 계발 | 유양석 — 10

50대는 새로운 시작이다.
당신의 두 번째 인생을 시작할 시간이다.

Your 50s are a new beginning.
It's time to start your second life.

그동안 직장생활에 쫓기느라 나 자신을 돌아볼 시간이 없었지만, 이제는 제 삶을 다시 시작할 기회가 생겼습니다. 50대는 단순히 숫자 나이가 아니라, 새로운 꿈을 꾸고 새로운 도전을 할 수 있는 시기라는 것을 깨닫게 되었습니다. 이제 저는 저의 두 번째 인생을 시작하며, 새로운 목표를 향해 나아가고 있습니다. 50대는 새로운 시작을 위한 최고의 순간입니다. 인생의 반이 아직 남아있습니다.

자기 계발 | 유양석

지금 잠을 자면 꿈을 꾸지만 지금 공부하면 꿈을 이룬다.

If you sleep now, you will dream;
but if you study now, you will achieve your dream.

꿈을 이루기 위해서는 지금, 이 순간의 노력이 가장 중요합니다. 현재의 작은 선택들이 미래의 큰 성취를 가져옵니다. 힘들고 지칠 때 이 말을 떠올리며 다시 한번 용기를 내십시오. 지금의 노력이 미래의 꿈을 이루는 열쇠가 될 것입니다. 포기하지 말고, 꿈을 향해 한 걸음씩 나아가길 바랍니다.

자기 계발 | 유양석 — **12**

남들이 당신을 어떻게 생각할지 너무 걱정하지 말라.
그들은 그렇게 당신에 대해 많이 생각하지 않는다.

_엘리노어 루즈벨트

Do not worry too much about what others think of you.
They do not think about you as much as you imagine.

_Eleanor Roosevelt

우리는 모두 자신만의 삶을 살고 있고, 남들이 나를 어떻게 생각하는지를 지나치게 걱정할 필요가 없습니다. 자신의 길을 당당하게 걸어가면서 자기 자신을 믿고 나아가는 것이 중요합니다. 여러분도 남들의 시선을 신경 쓰지 말고, 자신만의 삶을 즐기시길 바랍니다.

| 자기 계발 | 유양석

꿈을 이루고자 하는 용기만 있다면 모든 꿈을 이룰 수 있다.

_월트 디즈니

All our dreams can come true
if we have the courage to pursue them.

_Walt Disney

꿈을 꾸는 것은 누구나 할 수 있지만, 그것을 현실로 만들기 위해서는 용기가 필요하다는 것을 느꼈습니다. 저도 새로운 도전을 시작하며 많은 두려움과 마주했지만, 용기를 낼 때마다 한 걸음씩 꿈에 가까워지는 것을 경험했습니다. 여러분도 꿈을 이루기 위해 필요한 용기를 내어보세요. 용기 있는 첫걸음이 모든 것을 바꿀 수 있습니다. 용기를 내어 도전하는 여러분의 꿈을 응원합니다.

....
....
....
....
....

자기 계발 | 유양석 — 14

당신이 하루에 한 시간씩 자기 계발에 투자한다면,
1년 후에는 전문가가 될 것이다.

_브라이언 트레이시

If you spend an hour a day on self-improvement,
in a year you'll be an expert.

_Brian Tracy

바쁜 일상에서 자기 계발을 위한 시간을 내기가 쉽지 않아, 저는 생활 패턴을 조금씩 바꾸기 시작했습니다. 몇 개월 후 제 지식과 기술은 눈에 띄게 향상되었고, 꾸준한 노력이 쌓여 예상치 못한 기회로 이어지기도 했습니다. 이 과정에서 자기 계발은 자신을 더 나은 버전으로 만들어가는 여정이기도 하다는 것을 깨달았지요. 여러분도 하루에 단 1시간 만이라도 자신을 위해 투자해보세요. 그 시간이 모여 놀라운 변화를 경험하게 될 것입니다.

자기 계발 | 유양석 — 15

노력하는 사람에게 불가능이란 없다.

_알렉산더 대왕

There is nothing impossible to him who will try.

_Alexander the Great

제 큰 장점은 절대로 포기하지 않는 것입니다. 잘해도, 잘하지 못해도, 계속 도전합니다. 원하는 결과가 나올 때까지 포기하지 않고 노력했더니 불가능해 보이는 일도 끊임없이 노력하면 결국 해낼 수 있다는 믿음을 가지게 되었습니다. 여러분도 목표를 향해 끊임없이 도전하고 노력한다면 무엇이든 이룰 수 있을 것입니다. 노력의 힘을 믿고, 불가능해 보이는 일에도 도전해 보시길 바랍니다.

자기 계발 | 유양석　　　　　　　　　　　　　　　　　　**16**

독서는 마음에 대한 운동이다.

_조셉 에디슨

Reading is to the mind what exercise is to the body.

_Joseph Addison

독서는 우리의 지성과 감성을 키우는 정신적 운동입니다. 바쁜 직장 생활 속에서 짬을 내어 시작한 독서는 저에게 새로운 시각과 깊이 있는 사고를 선물했습니다. 독서로 쌓은 간접 경험과 지혜는 일상의 스트레스를 다루는 힘이 되었고, 매일 아침 책 속에서 만나는 새로운 생각들은 하루를 더욱 풍요롭게 만들어 주었습니다.

자기 계발 | 유양석

성공은 최종 목적지가 아니라,
과정에서 배우는 것이다.

_베라 왕

Success isn't about the end result,
it's about what you learn along the way.

_Vera Wang

저는 실수를 할 때마다 노트에 기록했습니다. 같은 실수를 반복하지 않기 위해서였지요. 그 노트가 20권이 넘자 저는 직장에서 가장 능숙하고 노련한 직원이 되어 있었습니다. 성공은 단지 결과가 아닌, 그 과정에서 얻은 경험과 교훈인 것 같습니다. 여러분도 자신의 여정에서 배우는 모든 것을 소중히 여기기를 바랍니다.

자기 계발 | 유양석 ──────────────── **18**

당신의 인생은 당신이 만드는 것이다.
당신의 행복과 성공은 당신의 손에 달려 있다.

_다이앤 본 퍼스텐버그

Your life is what you make it.
Your happiness and success are in your hands.

_Diane von Furstenberg

젊었을 때는 남들이 정해놓은 길을 따르는 것이 옳다고 믿었지만, 이제는 그 길이 나를 위한 것이 아니었다는 걸 깨달았습니다. 행복과 성공은 외부에서 오는 것이 아니라, 결국 내가 선택한 길과 노력의 결과라는 것을 경험으로 배웠습니다. 힘든 순간이 올 때마다, 내가 내 삶의 주인이라는 사실을 잊지 않으려 합니다. 이런 믿음이 저를 지금까지 지탱해주었고, 앞으로도 그럴 것입니다. 지금 당신의 인생도 당신의 손에 달려있습니다.

자기 계발 | 유양석

성공의 열쇠는 꾸준함이다.

_나폴레옹 힐

The key to success is consistency.

_Napoleon Hill

과거의 저는 목표를 빠르게 달성하려는 성급함 때문에 실패한 적이 많았습니다. 하지만 시간이 지나면서 꾸준히 노력하는 것이 얼마나 중요한지 깨닫게 되었습니다. 꾸준함은 마치 물방울이 바위를 뚫는 것처럼, 시간이 지나면서 큰 성과를 끌어낼 수 있습니다. 성공을 원하신다면 작은 일이라도 꾸준히 해보시길 바랍니다. 꾸준함이야말로 진정한 성공의 열쇠입니다.

....

....

....

....

....

자기 계발 | 유양석 ──────────────────────── **20**

배움은 당신의 삶을 변화시키는 가장 강력한 도구이다.

_넬슨 만델라

Education is the most powerful weapon which you can use to change the world.

_Nelson Mandela

학창 시절의 저는 공부를 억지로 하는 편이었지만, 나이가 들수록 배움의 중요성을 절실히 느끼게 되었습니다. 스스로 공부하기 시작하자, 배움이 나를 위한 것임을 깨달았습니다. 우리는 교육을 통해 자신을 변화시키고, 나아가 다른 사람도 변화시킬 수 있습니다. 저에게 배움은 제 사고방식과 행동을 바꾸고, 더 나은 삶을 살게 하는 원동력입니다.

10. 인내와 끈기 | 이현옥

"못할 것 없지!"
라고 말하는 것이야말로 재미있는 삶을 위한 구호다.

_메이슨 쿨리

"There is nothing that I can't do!"
That is a chant for a fun life.

_Mason Cooley

무엇이든 처음 시작할 때는 두려움이 찾아옵니다. 그러나 경험을 쌓으며 하나씩 배우다 보면 모든 도전 이 두려움이 아닌 설렘으로 변합니다. '못할 것 없지!' 라고 외치며 그냥 시도해 보는 것을 추천하고 싶습니다. 우리에겐 무엇이든 해 낼 수 있는 무한한 능력이 숨어있습니다.

인내와 끈기 | 이현옥 ─────────────── 02

반걸음을 쌓지 않으면 천 리를 갈 수 없고,
작은 흐름이 모이지 않으면 강을 이루지 못한다.

_순자

Without half a step, you cannot go a long distance,
without a small stream, river cannot be formed.

_Xunzi

목표는 단번에 이루어지지 않습니다. 작은 일이라도 최선을 다해 반복하다 보면, 결국 큰 성과로 이어지게 될 것입니다. 중요한 것은 꾸준함입니다. 매일매일 조금씩 나아가는 것, 그것이 바로 우리가 할 수 있는 최선의 행동입니다.

....
....
....
....
....
....

인내와 끈기 | 이현옥　03

사실은 오늘도 내일도 그다음 날도 계속해서 내 길을 가야 한다.

_예수 그리스도

Verumtamen oportet me hodie et cras et sequenti die ambulare.

_Jesus Christ

인생은 화려한 쇼가 아닌 기나긴 마라톤과도 같습니다. 우리는 오늘도 내일도 그다음 날도, 계속해서 내 길을 가야 합니다. 인내가 없으면 인생에서 성공을 유지할 수도, 여유를 즐기기도 어렵습니다.

....
....
....
....
....

인내와 끈기 | 이현옥 — 04

육체적인 것이나 다른 어떤 것에도 한계를 두지 말라.
한계를 두는 순간 당신의 일과 삶에 퍼지게 된다. 한계는 없다.
정체기는 있을 수 있다. 하지만, 거기에서 멈추지 말고 넘어서라.

_이소룡

If you always put limits on everything you do,
physical or anything else, it will spread into your work
and into your life. There are no limits. There are only plateaus,
and you must not stay there, you must go beyond them.

_Bruce Lee

이 정도면 충분하다는 생각이 들 때가 많지는 않으신가요? 한계를 넘어서기 위해서는 무엇보다도 우리가 마주하는 매일의 삶에서 한계를 설정하는 대신, 지속해서 자신을 밀어붙이는 것, 그리고 우리가 만들어낸 한계를 뛰어넘을 때, 비로소 자신이 가진 무한한 가능성을 발견하게 될 것입니다.

인내와 끈기 | 이현옥　　05

사람을 고귀하게 만드는 것은 고난이 아니라 다시 일어서는 힘이다.

_크리스티안 바너드

It is 'to stand up again' that makes men nobly,
not a tribulation.

_Christiaan Barnard

쓰러졌을 때, 포기하지 않고 다시 일어서는 용기가 쉽지는 않지만 바로 이 힘이 우리를 더 강하게 만들고, 성장하게 합니다. 고난은 일시적이지만, 다시 일어서는 힘은 우리를 다시 빛나게 살 수 있게 해주는 원동력이 아닐까 생각합니다. 포기하지 않고 끝까지 해내는 힘! 나를 더 단단하게 할 것입니다.

....
....
....
....
....

인내와 끈기 | 이현옥 — 06

내가 발견한 것 중 가장 귀중한 것은 인내였다.

_아이작 뉴턴

If I have ever made any valuable discoveries,
it has been owing more to patient attention,
than to any other talent.

_Isaac Newton

노력한 시간에 대한 결과가 없을 때 무너지고, 마음이 조급해지면서 스스로 세운 장애물에 걸려 넘어지기도 합니다. 시간이 걸리더라도 끝까지 포기하지 않고 나아가는 힘으로 고난과 역경 속에서 인내심을 발휘할 때, 마침내 목표에 도달하게 해주기도 함으로 인간에게 가장 귀중한 자산이라고 할 수 있습니다. 인내가 없다면 어떤 위대한 성취도 있을 수 없습니다.

인내와 끈기 | 이현옥 — 07

당신이 전혀 알지 못하는 그 어떤 것을 넘어서서 성장하기란 불가능하다.
당신 자신의 한계를 뛰어넘기 위해서는 우선 자신을 제대로 알아야 한다.

_스리 나사르가닷따 마하라지

It is impossible that you grow beyond something that you just don't know. You have to know yourself first to jump over your limit.

_Sri Nisargadatta-Maharaj

성장은 자신을 이해하는 데서 출발합니다. 자신의 강점과 약점을 모른 채 막연히 한계를 뛰어넘으려는 시도는 방향 없는 항해와도 같습니다. 자신을 제대로 이해할 때, 우리는 진정으로 무엇을 개선해야 할지, 어떤 부분을 강화해야 할지 명확해집니다. 자기 이해는 한계를 극복하고 새로운 도전을 마주하는 데 필수적인 기반입니다. 진정한 성장은 자기 인식에서부터 시작됩니다.

인내와 끈기 | 이현옥 — 08

견디기 힘든 일을 견뎌 내면 그 일을 떠올릴 때마다 유쾌해진다.

_세네카

If you endure the hard situation,
you will feel pleasure whenever you recall the situation.

_Seneca

고난의 순간은 우리에게 깊은 고통과 어려움을 안겨줍니다. 그때는 그 무게가 너무나도 무거워서 쉽게 극복할 수 없을 것처럼 느껴지기도 하지만, 그 고난을 이겨내고 나면 그 경험은 우리를 더 강하게 만들고, 한층 성숙하게 할 때가 훨씬 많습니다. 결국, 고난을 견뎌낸 기억은 유쾌한 자신감으로 돌아오며, 앞으로의 도전을 더 담대하게 마주할 힘을 줄 것입니다.

인내와 끈기 | 이현옥　　09

승리에 우연이란 없다.
1,000일의 연습을 단(鍛)이라 하고,
10,000일의 연습을 련(鍊)이라 한다.
이 단련(鍛鍊)이 있고 나서야 승리를 기대할 수 있다.

_미야모토 무사시

There is nothing fortuity for victory.
A thousand days practice is Dan(鍛)and ten thousand days practice is ryoen(鍊). After this training(danryoen 鍛鍊), we can look for victory.

_Miyamoto Musashi

승리는 오랜 시간의 노력과 반복적인 연습을 통해 얻어지는 결과물입니다. 단련은 그저 기술을 익히는 것에 그치지 않고, 우리 자신을 한층 더 단단하게 만드는 과정이며, 이 과정에서 우리는 인내와 끈기를 배우고, 좌절을 이겨내는 법을 익히게 됩니다. 결국, 승리는 이러한 꾸준한 단련과정을 통해 얻어지는 필연적인 성취이고, 오랜 시간 쌓아온 노력이 바로 승리를 향한 유일한 길입니다.

인내와 끈기 | 이현옥 — 10

옷이 추위로부터 우리를 보호하듯,
인내는 큰 실수를 하지 않도록 우리를 보호한다.

_레오나르도 다빈치

Patience serves us against insults precisely
as clothesdo against the cold.

_Leonardo da Vinci

인내심 없이 서두르거나 충동적으로 행동하면 크고 작은 실수에 빠지기 쉽습니다. 인내는 우리를 감싸주는 보호막과 같아서 급한 결정이나 성급한 판단을 피하게 해주며, 상황을 차분하게 바라볼 수 있는 여유를 줍니다. 옷이 추위로부터 우리를 지켜주는 것처럼, 인내는 큰 실수로부터 보호해 준다는 사실을 절대 잊지 마세요.

인내와 끈기 | 이현옥

인내와 끈기와 피나는 노력은 성공을 안겨주는 무적불패의 조합이다.

_나폴레온 힐

Patience, persistence, and relentless effort
are an unbeatable combination that leads to success.

_Napoleon Hill

성공은 즉각적인 결과를 요구하지 않고, 오히려 시간이 지남에 따라 완성되는 것입니다. 인내와 끈기, 그리고 노력은 올바른 순간을 기다리며, 그동안 준비하고 자신을 개선할 수 있는 지혜를 선물합니다. 이 강력한 삼위일체는 아무리 힘든 상황에서도, 우리가 모든 장애물을 극복하고 꿈을 이룰 수 있는 도구들을 제공해 줍니다. 성공은 그저 도달해야 할 목적지가 아니라, 이러한 필수적인 자질들로 채워진 과정에서 이루어집니다.

인내와 끈기 | 이현옥 — 12

인내심은 우리를 더 강하게 만든다.
그것은 우리에게 포기하지 않고 계속 노력하는 법을 가르쳐준다.

_마더 테레사

Patience makes us stronger.
It teaches us how to keep trying without giving up.

_Mother Teresa

인내는 힘든 상황에서도 희망을 잃지 않을 수 있도록 도와줍니다. 이 과정에서 우리는 성장하고, 더 큰 목표를 향해 나아갈 수 있는 힘을 키우게 됩니다. 인내심은 우리가 원하는 결과를 이루기 위한 중요한 요소입니다. 포기하지 않고 계속해서 노력하는 자세는 우리를 성공으로 다가갈 수 있게 하는 원동력입니다.

인내와 끈기 | 이현옥

고통을 두려워하지 말고 슬퍼하지 말라.
참고 인내하며 노력해 가는 것이 인생이다.
희망은 언제나 고통의 언덕 너머에서 기다린다.

_롤프 메르쿨레

Do not be afraid of pain, nor should you be sad.
Enduring and persevering is life.
Hope always waits beyond the hills of suffering.

_Rolf Merkle

우리는 종종 행복과 평화만을 추구하지만, 인생은 그보다 더 복잡한 과정을 거쳐 발전합니다. 고통과 노력은 필수적인 요소이고, 이를 통해 성장하고 변화할 수 있습니다. 희망은 항상 고통의 시간을 지난 뒤 그 너머에 자리 잡고 있습니다. 그러니 어려운 순간에도 포기하지 않고 나아가는 것이 중요합니다. 희망을 품고 지속해서 노력한다면, 우리는 결국 더 나은 미래를 맞이할 수 있지 않을까요?

....
....
....
....
....

인내와 끈기 | 이현옥 — 14

인내심은 우리를 더 현명하게 만든다.
그것은 우리에게 시간의 가치를 가르쳐준다.

_공자

The man who moves a mountain begins
by carrying away small stones.

_Confucius

우리는 인내함으로써 시간의 흐름 속에서 많은 것을 배우고, 경험을 쌓으며, 더 나은 결정을 내릴 수 있는 능력을 키우게 됩니다. 인내는 시간의 가치를 가르쳐 주며, 더욱 성숙하고 지혜로운 삶을 살아갈 수 있게 해주는 강력한 도구입니다. 인내심은 또한 실패와 좌절을 극복하는 데 도움을 줍니다. 어려운 상황에서도 포기하지 않고 계속해서 노력할 때, 우리는 더 큰 성취를 이룰 수 있는 힘을 얻게 됩니다.

인내와 끈기 | 이현옥

인내와 시간은 모든 것을 이긴다.

_베네딕트 스포너

Patience and time conquer all things.

_Benedict Spinoza

우리가 겪는 고통이나 어려움은 시간이 지나면 자연스럽게 해소될 수 있습니다. 또한, 인내를 통해 우리는 더 많은 경험과 지식을 쌓고, 이를 바탕으로 더 나은 결정을 내릴 수도 있습니다. 인생을 살면서 우리들은 많은 어려움과 도전에 직면하게 되지만, 인내와 시간을 통해 우리는 그 모든 것을 극복할 수 있습니다.

인내와 끈기 | 이현옥 — 16

끈질김은 성공의 큰 요소다.
오랫동안 요란하게 두드린다면 결국 누군가를 깨우게 될 것이다.

_위즈위스 롱펠로

Perseverance is a great element of success.
If you only knock long enough and loud enough at the gate,
you are sure to wake up somebody.

_Henry Wadsworth Longfellow

우리가 목표를 향해 계속해서 '두드린다면', 결국 그 노력은 주목받게 되고, 누군가의 관심을 끌게 될 것입니다. 이 과정에서 자신에게 필요한 기회를 찾고, 새로운 가능성을 발견할 수도 있습니다. 목표를 향해 나아가는 과정에서의 끈기와 인내는 우리를 더욱 강하게 만들고, 그 결과로 얻는 성취감은 삶의 큰 보람으로 다가올 것입니다.

인내와 끈기 | 이현옥

끈질긴 인내보다 나은 것은 없다.
어떤 것에도 이기는 것은 오직 끈기와 결단력뿐이다.

_캘빈 쿨리지

Nothing is better than persistent patience.
The only thing that can overcome anything
is perseverance and determination.

_Calvin Coolidge

끈기는 우리가 목표를 향해 나아갈 수 있도록 해주는 힘입니다. 결단력은 우리가 목표를 향해 나아갈 때 필요한 확고한 의지를 나타냅니다. 이 두 가지가 결합할 때, 우리는 어떤 어려움도 이겨낼 수 있는 능력을 갖추게 됩니다. 우리는 인내를 통해 성숙해지고, 끈기를 통해 자신감을 얻으며, 결단력으로 목표에 더욱 가까워지기 위한 도전과 용기를 불러들입니다. 결국, 끈기와 결단력은 성공의 열쇠입니다.

인내와 끈기 | 이현옥 — 18

에너지와 끈기가 모든 것을 이긴다.

_벤자민 프랭클린

Energy and persistence conquer all things.

_Benjamin Franklin

에너지는 우리의 열정과 의지를 나타내며, 끈기는 어려운 상황에서도 포기하지 않고 계속 나아가게 하는 힘입니다. 많은 사람이 도전에 직면했을 때 쉽게 포기하지만, 끈기를 가지고 계속 노력하는 사람은 결국 목표를 이룰 수 있습니다. 에너지와 끈기는 삶의 다양한 도전을 극복하는 데 필수적인 요소입니다. 이 두 가지를 잘 조화시킨다면, 우리에게는 무엇이든 이룰 수 있는 가능성이 열립니다.

인내와 끈기 | 이현옥

결코 어리석지 않으며 지식이 늘어 감에 따라 풍성해지는 한 가지 희망이 있다. 우리는 그것을 '인내'라고 부른다.

_에드워드 불워리터

There is one hope that is never foolish and grows richer with the increase of knowledge. We call it 'patience.'

_Edward Bulwer-Lytton

우리가 겪는 어려움과 도전은 때때로 즉각적인 해결을 요구하지만, 긴 시간을 소요하며 이루어지는 진정한 성장은 인내를 통해 이루어집니다. 어려운 상황에서 인내를 발휘할 때, 문제를 더 깊이 이해하고, 더 나은 해결책을 모색할 수 있습니다. 인내를 통해 우리는 더 나은 자신을 만들어 가고, 미래에 대한 희망을 잃지 않을 수 있습니다.

인내와 끈기 | 이현옥   20

인내는 영혼을 강하게 해주고, 기분을 좋게 해주고,
화를 참게 해주고, 질투를 없애고, 교만함을 억제하고 말을 제어한다.

_조지 혼

Patience strengthens the soul, uplifts the mood,
controls anger, eliminates jealousy, up presses pride,
and governs speech.

_George Horne

인내는 영혼을 강하게 하고 감정을 조절하는 데 큰 역할을 합니다. 화를 참게 하고 질투를 없애 줍니다. 인내를 실천함으로써 더 차분하고 이성적인 태도로 상황을 바라볼 수 있습니다. 교만함을 억제하고 말을 제어하는 데 도움을 주는 인내를 통해 더 나은 자신을 만들어 가고, 삶을 더욱 의미 있게 살아갈 수 있습니다.

11. 용기와 도전 | 유형재 ─────────── 01

용기는 공포에 대한 저항이며,
공포를 극복하는 것이지,
공포가 없는 것이 아니다.

_마크 트웨인

Courage is resistance to fear,
mastery of fear,
not absence of fear.

_Mark Twain

우리 모두 불안과 두려움을 어느 정도 안고 살아갑니다. 이 명언이 제게 큰 위로가 되는 건, 완벽한 용기가 아닌 불완전한 우리의 모습을 있는 그대로 인정하기 때문이에요. 두려움을 느끼면서도 한 걸음 내딛는 그 순간, 떨리는 마음으로도 도전하는 그 순간이 바로 진정한 용기라는 점이 깊이 와 닿습니-다. 우리가 보낸 하루하루가 모두 이런 작은 용기들로 이루어져 있음을 잊지 마세요.

용기와 도전 | 유형재 — 02

용기는 두려워하지 말아야 할 것을 아는 것이다.

_플라톤

Courage is knowing what not to fear.

_Platon

용기는 두려움을 없애는 것이 아니라, 무엇이 진정으로 두려워할 만한 가치가 있는지를 분별하는 것입니다. 진정한 용기는 불필요한 두려움을 인식하고 그것을 극복하는 것에서 시작됩니다. 그렇기에 용기는 단순한 배짱이나 무모함이 아닌 깊은 통찰과 지혜에서 비롯됩니다. 용기를 내기에 앞서, 우리에게는 두려움에 대해 비판적으로 생각하고, 정말로 중요한 것에 집중할 수 있는 능력이 필요합니다.

용기와 도전 | 유형재 — 03

용기는 압박 속에서의 우아함이다.

_어니스트 헤밍웨이

Courage is grace under pressure.

_Ernest Hemingway

용기는 어려운 상황에서도 품위를 유지하는 능력입니다. 이는 위기 속에서도 침착함을 잃지 않고, 자신의 가치와 원칙을 지키는 것을 의미하는 것입니다. 진정한 용기는 그 속에서도 품위와 균형을 잃지 않는 내면의 힘, 압박감 속에서도 우아함을 잃지 않고, 상황을 통제하며, 타인에 대한 배려와 존중을 유지하는 능력입니다.

용기와 도전 | 유형재　　　　　　　　　　　　　04

크게 실패할 용기가 있는 사람만이 크게 성취할 수 있다.

_로버트 F. 케네디

Only those who dare to fail greatly can ever achieve greatly.

_Robert F. Kennedy

우리 삶의 진정한 성장과 혁신은 실패를 두려워하지 않는 용기에서 시작됩니다. 안전지대를 벗어나 큰 꿈을 향해 도전하는 용기가 혁신과 진보의 원동력이 됩니다. 실패의 아픔을 견딜 수 있는 용기가 있어야 위대한 도전도, 진정한 성취도 가능해지죠. 좌절하지 않고 끊임없이 도전하며, 실패를 통해 배우고 성장하는 용기를 갖는 것이 우리를 더 강하게 만들어 줄 것입니다.

| 용기와 도전 | 유형재   05

두려움을 용기로 바꿀 수 있다면,
그 용기는 백배 천배 큰 용기로 배가되어 나타날 것이다.

_이순신

If you can turn fear into courage,
that courage will manifest itself a hundredfold, a thousandfold.

우리는 모두 삶에서 두려움을 경험합니다. 하지만 이순신 장군의 말씀처럼, 그 두려움을 용기로 바꿀 수 있다면 놀라운 일이 일어납니다. 작은 용기의 씨앗이 백배, 천배로 자라나 우리를 더 강하게 만듭니다. 당신의 두려움을 마주하고 용기로 바꾸어 보세요. 그 과정에서 당신은 상상도 못 했던 힘을 발견하게 될 것입니다. 두려움을 넘어설 때, 우리는 진정으로 성장합니다.

....

....

....

....

....

용기와 도전 | 유형재

06

주먹을 불끈 쥐기보다 두 손을 모으고 기도하는 자가 더 강하다.

_김수환

One who prays with folded hands is stronger than one who clenches their fist.

진정한 힘의 본질을 일깨워줍니다. 우리는 종종 분노와 폭력이 강함의 표현이라고 오해합니다. 하지만 진정한 강인함은 평화와 사랑에서 비롯됩니다. 기도하는 손은 용서, 이해, 그리고 화해의 힘을 상징합니다. 이는 우리 사회가 진정으로 필요로 하는 힘입니다. 우리가 모두 이 지혜를 마음에 새기고 실천한다면, 세상은 더 나은 곳이 될 것입니다.

| 용기와 도전 | 유형재 — 07

리더는 용기, 확신
그리고 어려운 결정을 내리는 의지가 있어야 한다.

_박정희

A leader must have courage, conviction,
and the will to make difficult decisions.

진정한 리더십의 핵심을 잘 보여주는 것 같아요. 용기, 확신, 결단력은 리더에게 정말 중요한 자질이에요. 어려운 상황에서도 두려워하지 않고 앞으로 나아가는 용기, 자신의 신념에 대한 굳건한 확신, 그리고 중요한 순간에 결정을 내릴 수 있는 의지가 있어야 조직이나 국가를 이끌 수 있는 것 같아요. 이런 리더십이 있을 때 우리 사회도 더 발전할 수 있을 거예요.

용기와 도전 | 유형재 — 08

두렵지 않기 때문에 나서는 것이 아니다.
두렵지만, 나서야 하기 때문에 나서는 것이다.
그게 참된 용기이다.

_김대중

We don't step forward because we're not afraid.
We step forward because we must, despite our fear.
That is true courage.

진정한 용기의 본질을 꿰뚫고 있습니다. 두려움은 누구나 느끼지만, 그것을 인정하고 극복하는 과정에서 우리는 성장합니다. 삶의 도전 앞에서 주저하지 않고 나아가는 힘, 그것이 바로 김대중 전 대통령이 말씀하신 참된 용기입니다. 이는 개인과 사회의 발전을 이끄는 원동력이 됩니다.

용기와 도전 | 유형재 — 09

위험에 직면하는 것을 두려워하지 말라.
우리는 기회를 잡는 것으로 용기를 배우게 된다.

_노무현

Don't be afraid to face danger.
We learn courage by seizing opportunities.

위험을 피하려 하기보다는 그것을 직면하고 극복하는 과정에서 우리는 성장해요. 기회를 잡는다는 것은 때로는 위험을 감수하는 것을 의미하지만, 그 과정에서 우리는 진정한 용기를 배우게 돼요. 이 지혜는 개인의 성장뿐만 아니라 사회의 발전에도 큰 영향을 미칠 수 있는 귀중한 가르침이에요.

용기와 도전 | 유형재

10

삶에서 가장 큰 영광은 결코 넘어지지 않는 것이 아니라,
넘어질 때마다 일어서는 것이다.

_넬슨 만델라

The greatest glory in living lies not in never falling,
but in rising every time we fall.

_Nelson Mandela

누구나 실패를 경험하며, 이는 자연스러운 일입니다. 중요한 것은 넘어졌을 때 포기하지 않고 다시 일어설 용기입니다. 그렇기 때문에 오히려 실패 후 다시 일어서는 과정에서 우리의 진정한 가치가 드러납니다. 넘어짐은 피할 수 없지만, 그때마다 일어서는 용기와 인내가 우리를 성장시키고 영광으로 이끕니다. 실패를 두려워하지 말고 그것을 배움의 기회로 삼으십시오. 이를 통해 우리는 더 강해지고 지혜로워질 수 있습니다.

용기와 도전 | 유형재 — 11

인생은 자전거 타기와 같다.
균형을 유지하려면 계속 움직여야 한다.

_아인슈타인

Life is like riding a bicycle.
To keep your balance, you must keep moving.

_Albert Einstein

우리 삶은 한자리에 머물러 있으면 균형을 잃기 쉽습니다. 계속해서 앞으로 나아가고, 도전할 때 오히려 안정감을 찾을 수 있지요. 끊임없이 변화하는 환경 속에서 지속적인 학습과 적응이 필요합니다. 새로운 기술, 정보, 환경 변화에 대응하며 발전해야 살아남을 수 있습니다. 멈추지 않는 삶의 여정이 우리를 더 강하고 균형 잡힌 사람으로 만듭니다.

용기와 도전 | 유형재 — 12

한 사람의 진정한 가치는 편안하고 안락한 순간이 아니라
도전과 논란의 시기에 어디에 서 있는가로 판단된다.

_마틴 루터 킹 주니어

The ultimate measure of a man is not where he stands
in moments of comfort and convenience, but where he
stands at times of challenge and controversy.

_Martin Luther King Jr.

우리의 진정한 가치는 편안한 상황이 아닌 어려움 속에서 드러납니다. 위기와 도전의 순간에 우리가 내리는 선택과 보이는 태도가 우리의 본질을 말해줍니다. 안락함 속에서는 누구나 자신이 원하는 모습으로 자신의 가치를 포장할 수 있지만, 내면에 숨은 가치관과 신념은 어려운 순간에 드러나지요. 이는 안락함에 안주하지 말라는 경고이며, 어려운 상황에서도 원칙을 지키고 올바른 선택을 할 수 있는 용기를 기르라는 조언입니다.

용기와 도전 | 유형재

훌륭함을 위해 좋은 것을 포기하는 것을 두려워하지 말라.

_존 D. 록펠러

Do not be afraid to give up the good to go for the great.

_John D. Rockefeller

우리는 종종 현재의 안정과 편안함에 머물러 더 큰 도전을 포기하곤 하지요. 하지만 진정한 성장은 현재의 좋은 것을 과감히 포기할 수 있는 용기에서 시작됩니다. 꿈을 향해 나아가기 위해 때로는 익숙하고 편안한 것들을 포기하고 희생을 감수해야 합니다. 이러한 자세가 성공을 위한 용기, 희생, 그리고 끊임없는 도전 정신을 일깨워줄 것입니다.

용기와 도전 | 유형재 —————————————— 14

우리에게 뭔가 시도할 용기가 없다면 삶이 도대체 무슨 의미가 있겠니?

_반 고흐

What would life be if we had no courage to attempt anything?

_Vincent van Gogh

우리의 삶은 도전하는 순간들로 채워질 때 비로소 의미를 가지게 되지요. 삶이 정체되고 무의미하게 느껴진다면, 새로운 것을 시도해 보세요. 실패를 감수하는 용기가 우리 삶을 더욱 풍성하게 만듭니다. 실패의 두려움 때문에 아무것도 시도하지 않는다면, 우리는 잠재력을 발휘할 기회를 놓치게 됩니다. 용기 있는 시도가 삶에 의미와 성장을 가져다줍니다.

용기와 도전 | 유형재 ─────────────────────────── **15**

변화를 두려워하지 말고,
도전에 나서라.

_이건희

Don't be afraid to change,
take on challenges.

도전은 성장의 필수 요소입니다. 변화는 불편하고 두렵지만, 그것을 피하기보다는 받아들이고 적극적으로 도전할 때 우리는 성장할 수 있지요. 그 과정에서 자신의 한계를 넘어서고 새로운 가능성을 발견하세요. 이러한 태도가 우리를 성장시키고, 더 풍요로운 삶으로 이끌어 줄 것입니다. 변화를 두려워하지 말고, 도전을 통해 자기 잠재력을 최대한 발휘하세요.

....

....

....

....

....

용기와 도전 | 유형재 — **16**

미래를 위해 끊임없이 도전하자.
도전은 위기 속에서 더 빛난다.
위기를 딛고 미래를 활짝 열어가자.

_이재용

Let's continuously challenge ourselves for the future.
Challenges shine brighter in times of crisis.
Let's overcome the crisis and open up a bright future.

미래를 향한 끊임없는 도전은 성장의 원동력이며, 위기는 오히려 우리를 더 강하게 만드는 기회가 될 수 있습니다. 어려운 상황 속에서도 포기하지 않고 앞으로 나아가는 용기가 중요합니다. 이런 자세로 우리가 모두 밝은 미래를 향해 함께 나아갈 수 있을 것입니다.

용기와 도전 | 유형재

새로운 것을 시도하는 것은 실패의 위험이 있더라도 아름답다.

_BTS (방탄소년단, 지민)

Trying something new is beautiful,
even though there is a risk of failure.

새로운 도전은 항상 실패의 위험을 동반하지만, 그 과정 자체가 아름답고 가치 있다는 것을 일깨워줍니다. 우리는 종종 실패를 두려워해 도전을 주저하지만, 실패조차도 성장의 기회가 될 수 있습니다. 이런 마음가짐으로 새로운 것에 도전한다면, 우리 삶은 더욱 풍성해지고 의미 있게 될 것입니다. 지민의 말처럼, 도전의 아름다움을 발견하는 것이 중요해요.

....
....
....
....
....

용기와 도전 | 유형재 — 18

끊임없이 비판을 구하라.
당신이 하는 일에 대한 잘 생각된 비판은 금만큼이나 가치가 있다.

_일론 머스크

Constantly seek criticism.
A well thought out critique of whatever you're doing
is as valuable as gold.

_Elon Reeve Musk

다른 사람들의 의견에 대해 열린 마음을 가지고 경청하며 그것을 통해 배우고 성장하세요. 맹점을 발견하고, 새로운 시각을 얻을 수 있도록 신중하게 다듬어진 비판은 더 나은 결과를 만들어내는 소중한 자산이 됩니다. 비판을 두려워하지 않고 오히려 적극적으로 구하는 자세, 그것이 진정한 발전을 이끄는 원동력이 될 거예요.

용기와 도전 | 유형재 ──────────────── 19

인생은 매일 문제를 해결하는 것 이상이어야 한다.
당신은 깨어나서 미래에 대해 흥분해야 한다.

_일론 머스크

We really want to wake up in the morning and look forward to the future. We want to be excited about what's going to happen. And life cannot simply be about, sort of, solving one miserable problem after another.

_Elon Reeve Musk

단순히 문제를 해결하는 것을 넘어, 미래에 대한 설렘과 흥분으로 가득 찬 삶을 살아야 한다는 말씀이 가슴을 울려요. 일상의 과제들을 넘어서서 더 큰 꿈과 비전을 가지고 살아갈 때, 우리의 삶은 더욱 의미 있게 되지요. 매일 아침 새로운 가능성에 대한 기대로 설레는 삶, 그것이 진정한 삶의 즐거움이 아닐까요?

| 용기와 도전 | 유형재 — 20

무언가를 사랑하지 않는다면,
당신은 추가로 노력하거나,
주말에 더 일하거나,
현상을 그만큼 도전하지 않을 것이다.

_스티브 잡스

If you don't love something,
you're not going to go the extra mile,
work the extra weekend,
challenge the status quo as much.

_Steve Jobs

진정으로 사랑하는 일에 대한 열정이 있을 때 비로소 도전과 노력이 따라온다는 말씀이 와닿아요. 의무감이나 보상이 아닌, 일 자체에 대한 순수한 애정이 있을 때 우리는 한계를 넘어설 수 있죠. 사랑하는 일을 할 때 비로소 진정한 혁신과 성공이 찾아오는 것 같아요.

12. 희망과 긍정 | 김미숙   01

희망을 잃지 마라.
내일은 오늘보다 더 나은 날이 될 것이다.

_오프라 윈프리

Don't lose hope.
Tomorrow will be a better day than today.

_Oprah Winfrey

1997년 IMF 외환위기 당시, 인생의 무게를 버틸 수 없을 정도로 힘들었지만, 우리 가족은 새로운 도전을 통해 극복할 수 있었습니다. 그 후 희망을 잃지 말라는 말은 우리의 삶을 지탱해 주는 가장 강력한 원칙이 되었습니다. 오늘이 아무리 힘들고 고통스러워도, 내일은 새로운 가능성이 피어날 수 있는 첫 번째 날입니다. 희망은 현재의 고난을 넘어 더 나은 미래를 보게 하고, 도전할 용기를 준다는 것을 기억하세요.

....

....

....

....

....

희망과 긍정 | 김미숙 — 02

희망은 우리가 보는 것이 아니라 보지 않는 것을 믿는 것이다.

_헬렌 켈러

Hope is the belief in things unseen.

_Helen Keller

희망은 눈앞에 보이는 현실이 아니라, 아직 보이지 않는 가능성을 믿는 힘입니다. 남편이 암 투병을 시작하며 힘들어할 때 보이지 않는 가능성을 믿는다는 건 쉬운 일이 아니었지만, 희망을 품고 기도하기 시작했을 때 다시 일어설 수 있었습니다. 만약 당신의 앞에 놓인 상황이 어둡고 막막할지라도, 마음속에 품은 희망은 언젠가 바라는 그 미래로 당신을 나아가게 할 것입니다.

희망과 긍정 | 김미숙

희망은 실망의 위험이 있지만,
그것은 더 나은 세상을 만드는 힘이 된다.

_넬슨 만델라

Hope carries the risk of disappointment,
but it is the force that makes a better world.

_Nelson Mandela

목표를 이루기 위해 최선을 다해도 제자리인가요? 어쩐지 내가 원하는 일마다 실패하는 것만 같을 때가 있지요. 희망을 품는다는 건 때로 실망을 마주할 위험을 감수하는 일입니다. 원하는 대로 이루어지지 않고, 그 과정에서 좌절을 겪을 수도 있지만. 자신에게 실망할까 두려워 포기하지는 마세요. 다시 일어난다면, 우리는 더 큰 꿈을 이룰 수 있습니다.

희망과 긍정 | 김미숙 ─────────── 04

희망은 바람이 아니라,
우리를 앞으로 나아가게 하는 불꽃이다.

_에밀리 디킨슨

Hope is not a wind,
but a flame that drives us forward.

_Emily Dickinson

지금, 흔들리고 계신가요? 바람처럼 일시적인 감정이나 상황에 의존하는 희망은 쉽게 사라질 수 있습니다. 인생의 길이 험난하고 고난이 끝없이 이어질 때, 우리는 불꽃처럼 타오르는 희망을 바라봐야 합니다. 주위의 모든 것을 밝히고 따뜻하게 만드는 그런 희망만이 당신을 끝까지 이끌고, 강하게 만들며, 포기하지 않도록 붙잡아줍니다.

. . . .

. . . .

. . . .

. . . .

희망과 긍정 | 김미숙

희망은 당신이 이루고자 하는 꿈을 향한 첫걸음이다.

_달라이 라마

Hope is the first step towards the dreams you want to achieve.

_Dalai Lama

제 꿈을 응원해 주며 용기를 주는 단 한 사람, 남편 덕분에 저는 대학원 졸업까지 마칠 수 있었습니다. 만약 혼자서 고민만 하다 첫걸음을 내딛지 않았다면 지금까지 망설이고 있었겠지요. 꿈을 향해 가는 그 첫걸음을 내디뎠던, 희망이 샘솟던 그때를 저는 아직도 잊을 수 없습니다. 희망이야말로 꿈을 향한 첫걸음이었기 때문이지요.

....
....
....
....
....
....

| 희망과 긍정 | 김미숙   06

희망은 당신이 무언가를 시작할 용기를 주고,
긍정은 그 길을 계속 갈 힘을 준다.

_조엘 오스틴

Hope gives you the courage to start something,
and positivity gives you the strength to keep going.

_Joel Osteen

어떤 목표나 꿈을 이루고자 할 때, 시작이 가장 두렵습니다. 실패할지도 모른다는 불안, 현실의 장벽들이 우리를 망설이게 하지만 희망이란 어둠 속에서 빛을 발견하는 것과 같아서 그 빛이 아무리 희미할지라도 찾는 그 순간 앞으로 나아가게 됩니다. 긍정의 마음은 길이 험난할수록, 더 큰 힘으로 지탱해 줍니다. 희망으로 시작하고, 긍정으로 끝까지 나아가면, 그 길 끝에 당신이 꿈꾸는 미래가 기다리고 있다는 것을 기억하세요.

....

....

....

....

....

희망과 긍정 | 김미숙 ———————————————— 07

희망을 잃지 않으면,
길은 항상 있다.

_마하트마 간디

If you don't lose hope,
there is always a way.

_Mahatma Gandhi

인생을 살아가다 보면, 때론 길이 보이지 않을 때가 있습니다. 이럴 때 가장 먼저 사라지는 것이 바로 희망입니다. 희망이 사라지는 순간 길도 사라지지만, 희망을 붙들고 있으면 아무리 어려운 상황 속에서도 길은 반드시 열립니다. 어떤 상황에서도 희망을 버리지 마세요. 희망은 보이지 않는 가능성을 보게 하고, 예상치 못한 곳에서 새로운 길을 찾게 해줍니다. 우리에게는 항상 길이 있다는 것을 믿고 나아가세요.

희망과 긍정 | 김미숙 — 08

희망은 작은 행동으로도 커질 수 있다.

_마더 테레사

Hope can grow even from small actions.

_Mother Teresa

희망은 거창한 일에서만 자라는 것이 아니라, 오히려 작은 행동 하나에서부터 싹트기 시작합니다. 남편과 사별은 고통의 시간이었지만 매일 버티며 삶의 희망을 놓지 않을 수 있었던 것은 감사기도와 일기, 주변 사람들의 위로와 격려 덕분이었습니다. 무언가를 변화시키고 싶다면, 작은 행동부터 시작해 보세요. 미소 한 번, 감사의 말 한마디. 이런 작은 행동들이 쌓이면 그 속에서 희망이 자라나기 시작합니다.

| 희망과 긍정 | 김미숙   09

희망은 우리가 다시 일어설 수 있도록 도와주는 용기다.

_플로렌스 나이팅게일

Hope is the courage that helps us rise again.

_Florence Nightingale

인생에서 누구나 좌절을 경험하는데, 때로는 모든 것이 무너져 내리는 듯한 순간이 찾아옵니다. 저에게는 아버지의 갑작스러운 부재가 절망의 순간이었습니다. 새벽 기상과 공부를 시작하며 함께하는 커뮤니티 친구들의 응원에 힘입어 다시 일어설 수 있었지요. 삶에서 맞닥뜨리는 여러 가지 어려움 속에서 희망은 우리를 포기하지 않게 만들고, 다시 일어설 수 있는 힘을 준다는 것을 기억하세요.

희망과 긍정 | 김미숙 — 10

희망은 모든 고난을 이겨내는 힘이다.

_프리드리히 니체

Hope is the strength to overcome all hardships.

_Friedrich Nietzsche

누구에게나 찾아오는 고난은 때로는 그 무게가 무거워서 앞으로 나아갈 수 없을 것처럼 느껴질 때도 있지만 그런 순간마다 우리를 지탱해 주는 것이 있다면, 그것은 바로 희망입니다. 마음의 상처가 너무 커서 좌절하고 있을 때 '너무 상심하지 마시고 힘내세요.'라는 동료의 말에 피하지 않고 직면하여 이겨낼 수 있었습니다. 지금 고난의 중심에 있다면 희망이 당신을 다시 일어서게 하는 힘임을 잊지 않기를 바랍니다.

희망과 긍정 | 김미숙

긍정적인 생각은 우리의 마음을 밝게 하고,
그 마음은 우리의 인생을 밝게 한다.

_노먼 빈센트 필

Positive thoughts brighten our minds,
and those minds brighten our lives.

_Norman Vincent Peale

긍정적인 생각은 단순한 낙관주의를 넘어, 우리의 마음과 인생을 변화시키는 강력한 도구입니다. 긍정적인 생각은 행동과 태도에 큰 영향을 주며, 결국 인생을 바꿀 수 있다는 희망과 삶의 의미를 부여합니다. 필은 긍정적인 사고가 스트레스와 불안감을 줄이고, 정신적 건강을 개선한다고 강조했습니다. 마음이 밝아지면 더 나은 결정을 내리고, 더 행복한 삶을 살 수 있습니다.

희망과 긍정 | 김미숙 — 12

긍정적인 마음은 우리를 더 강하고 행복하게 만든다.

_헨리 포드

A positive mind makes us stronger and happier.

_Henry Ford

어느 날, 번 아웃이 왔습니다. 저는 자신을 더 깊은 좌절 속으로 몰아넣었고, 아무것도 할 수 없었습니다. 이때 스스로 건넨 '다시 시작할 수 있어' 라는 긍정의 말이 조금씩 저를 변화시키기 시작했습니다. 문제들 속에서 해결책이 보이기 시작했고, 내면이 더욱더 단단하게 다져지며, 다시 행복을 찾을 수 있었지요. 긍정적인 마음은 삶과 정신적 건강에 큰 변화를 준다는 것을 기억하세요.

희망과 긍정 | 김미숙

긍정적인 말은 마음을 치유한다.

_조엘 오스틴

Positive words heal the soul.

_Joel Osteen

말은 우리의 감정과 생각을 표현하는 수단이지만, 사람들의 마음을 움직이고 삶을 변화시키는 힘을 가지고 있습니다. 긍정적인 말은 마음의 상처를 치유하는 힘을 가지고 있어서 친구의 진심 어린 격려는 삶의 무게에 짓눌리던 저의 마음을 다시 일으켜 세워주기도 했답니다. 지금, 누군가에게 긍정적인 말을 건넨다면 그의 마음을 치유하고 새로운 희망을 줄 수 있을 것입니다. 오늘 하루, 주변 사람들에게 긍정적인 말을 아끼지 말고 실천해보세요.

희망과 긍정 | 김미숙 — 14

긍정적인 태도는 모든 문제를 해결할 수 있는 열쇠이다.

_조엘 오스틴

A positive attitude is the key to solving all problems.

_Joel Osteen

문제는 누구에게나 찾아오지만, 그것을 어떻게 바라보느냐에 따라 결과는 완전히 달라집니다. 부정적인 태도는 문제를 더 크게 보이게 하고, 쉽게 지치게 만듭니다. 긍정적인 태도는 그 문제 속에서 배울 점을 찾고, 해결할 수 있는 방법을 모색하게 합니다. 긍정적인 태도는 모든 어려움 속에서도 새로운 가능성을 발견하게 해주며, 실패조차도 다음 성공을 위한 디딤돌로 만드는 열쇠입니다.

희망과 긍정 | 김미숙

긍정적인 생각은 당신의 인생을 더 나은 방향으로 이끌 것이다.

_에이브러햄 링컨

Positive thinking will lead your life in a better direction.

_Abraham Lincoln

경영을 하다 보면 다양하고 어려운 상황을 수용해야 할 때가 많습니다. 그럴 때마다 긍정적인 태도로 상대의 마음에 공감하고 이해하면 더 좋은 방향으로 해결할 수 있었습니다. 이처럼 직장이나 개인적인 문제로 어려움을 겪을 때, 긍정적인 생각을 유지하면 더 쉽게 문제를 해결할 수 있으며, 자존감을 높이고, 더 나은 결정을 내릴 수 있게 도와줍니다.

희망과 긍정 | 김미숙 — 16

작은 긍정적인 생각이 당신의 하루를 바꿀 수 있다.

_지그 지글러

A small positive thought can change your whole day.

_Zig Ziglar

어느 날 아침은, 일어나는 것조차 힘이 들었습니다. '오늘도 힘들겠지.' 하는 생각이 불현듯 덮쳐왔습니다. 반사적으로 '잘 될 거야', '힘을 내자'라고 소리를 내어 말했더니, 곧 부정적인 생각은 물러가고 작은 긍정적인 생각과 행동이 저의 하루를 완전히 바꿔놓았습니다. 긍정적인 생각은 마치 작은 불씨와 같습니다. 세상이 아무리 힘들고 어려워도, 긍정적인 생각은 하루를, 나아가 당신의 삶을 바꿀 수 있습니다.

희망과 긍정 | 김미숙 ——————————————————— 17

긍정적인 마음은 모든 것을 이겨낼 수 있다.

_빅터 프랭클

A positive mind can overcome anything.

_Viktor Frankl

빅터 프랭클은 제2차 세계대전 중 나치 수용소에서 끔찍한 고통을 겪었지만, 아름다움과 사랑을 찾는 긍정적인 마음을 잃지 않았고 그러한 마음이 어려운 상황에서도 생존과 회복의 힘을 줄 수 있는지를 몸소 증명했습니다. 인간의 궁극적인 자유는 그 어떤 상황에서도 자신의 태도를 선택할 수 있는 능력에 있다고 했습니다. 긍정적인 마음은 문제해결 방법을 찾고, 새로운 가능성을 열어 줍니다.

희망과 긍정 | 김미숙 ——————————————————————— **18**

긍정적인 사람은 모든 것에서 배운다.

_존 C. 맥스웰

A positive person learns from everything.

_John C. Maxwell

아이와 함께 경제 공부를 하면서, 아이가 배운 것을 토대로 주변 사람들에게 도움을 주고 때로는 실패하며 성장하는 모습을 지켜볼 수 있었습니다. 경험을 배움의 기회로 삼을 때, 더 나은 사람이 될 수 있다는 것을 자녀를 통하여 또 한 번 배운 것이지요. 때로는 예상치 못한 실수나 실패가 가장 큰 배움의 기회를 제공합니다. 긍정적인 마음으로 매 순간을 대한다면, 당신도 더 나은 미래를 만들어갈 수 있습니다.

희망과 긍정 | 김미숙

긍정적인 마음은 모든 불가능을 가능으로 바꾼다.

_월트 디즈니

A positive mind turns all impossibilities into possibilities.

_Walt Disney

처음 부모 교육을 시작했던 날이 떠오릅니다. 내가 할 수 있을까? 불가능하다고 불안과 두려움으로 인해 시작하지 않았다면 강사가 되지 못했을 것입니다. 하지만 그 순간, 나는 단 하나의 선택은 최선을 다하겠다는 결심이었습니다. 지금도 불안이 찾아올 때마다 스스로 '할 수 있다'는 말을 되뇌며 한 발 내딛고 있습니다. 당신의 일상에서 작은 일에서부터 작은 성취에 기쁨을 느끼는 것도 긍정적인 마음을 키우는 데 큰 도움이 됩니다.

희망과 긍정 | 김미숙 — 20

긍정적인 태도는 성공의 첫걸음이다.

_폴 브라이언트

A positive attitude is the first step towards success.

_Paul Bryant

부모 교육 촬영 제안을 받았을 때의 일입니다. 기회가 온 것 같아 정말 기뻤지만, 준비 과정에서 점점 자신감을 잃어 갔습니다. 그때, 먼저 경험한 친구가 긍정적인 마음과 용기를 북돋아 주었습니다. 덕분에 촬영을 만족스럽게 마칠 수 있었고, 그것은 다음으로 도약할 수 있는 발판이 되었습니다. 긍정적인 태도는 어떤 어려움도 극복할 수 있습니다. 긍정적인 마음가짐으로 오늘을 시작하세요. 그것이 바로 성공의 첫걸음입니다.

....

....

....

....

....

시대와 환경

| 13 | 14 | 15 |

시간과 변화
오경희

자연과 환경
서유진

건강과 웰빙
이지원

명언은 어떻게 삶의 힘이 되는가

13. 시간과 변화 | 오경희

삶은 시간의 흐름에 따라 변화하고,
그 변화는 우리를 더 나은 사람으로 만든다.

_오경희

**Life changes as time goes by,
and those changes help us become better people.**

승진이나 이직, 결혼, 출산 등 환경이 바뀌거나 새로운 책임이 주어지는 변화는 낯설고 어려울 수 있지만, 우리를 더 성숙하고 책임감 있는 사람으로 만듭니다. 이별, 실직 같은 아픈 경험을 동반하는 변화를 통해서도 삶의 회복력과 새로운 시각을 얻을 수 있습니다. 중요한 것은 변화를 두려워하지 않고, 그 속에서 배움의 기회를 찾는 자세입니다. 변화를 받아들이고 적응해 나가는 과정이 바로 우리 삶의 성장 스토리입니다.

시간과 변화 | 오경희　02

과거의 시간은 배우는 과정이고,
현재의 시간은 성장의 기회이다.

The past is a time for learning,
and the present is a chance for growth.

현재의 모습은 과거의 결과물인 동시에 미래를 향한 출발점이므로 현재 우리의 선택은 매우 중요합니다. 과거의 아픔에 머무를지, 아니면 딛고 일어설지는 우리의 몫입니다. 과거는 거울과 같아서, 현재와 미래를 비추어 보고 더 나은 선택을 할 수 있습니다. 과거의 부정적인 경험을 극복하고 현재를 충실히 한다면 미래의 우리는 더 현명하고 풍요로운 삶을 살아갈 수 있습니다.

시간과 변화 | 오경희 — 03

성공은 시간이 만들어내는 변화의 결과이다.

Success is the result of the changes time brings.

성공은 하루아침에 이루어지는 것이 아닌, 인내하며 꾸준히 노력한 시간의 산물입니다. 단기간에 많은 시간을 투자하는 것보다 적은 시간이라도 지속해서 노력하는 것이 더 효과적입니다. 마치 나무가 자라는 데 시간이 필요하듯, 우리의 노력도 인내의 시간을 거쳐야 결실을 봅니다. 따라서 조급해하지 말고 오늘의 작은 변화에 집중하며, 꾸준히 노력한다면 우리가 바라던 성공에 도달할 수 있습니다.

시간과 변화 | 오경희 — 04

시간은 바라보는 시각에 따라 모든 것을 변화시킬 수 있다.

Time can change everything,
depending on how you see it.

시간은 바라보는 시각에 따라 인간의 감정, 관계, 목표, 그리고 삶의 전반적인 결과를 변화시킬 수 있습니다. 물이 반정도 들어있는 컵을 물이 반이나 남았다라고 바라보는 시각과 물이 반밖에 안남았다고 바라보는 시각처럼 시간은 어떤 관점에서 바라보느냐에 따라 다르게 해석되고 다른 결과를 만들어냅니다. 시간을 긍정적으로 바라보고 그 안에서 배움을 찾는다면, 우리는 더 나은 삶을 살아갈 수 있을 것입니다.

시간과 변화 | 오경희　　　　　　　　　　　　　05

시간은 우리를 지혜롭게 만들고,
변화는 우리를 강하게 만든다.

Time makes us wise,
and change makes us strong.

지인이 구조조정으로 실직했습니다. 처음에는 입사 후 20년 만에 찾아온 큰 변화가 충격적이었고 불안했지만, 시간이 지나면서 이 상황을 새로운 시각으로 바라보기 시작했습니다. 자신의 열정과 가치관을 되돌아보고 청년 시절 좋아했던 음악을 다시 시작하며, 잊고 있던 자기 모습을 재발견했습니다. 그는 인생의 굴곡이 우리를 더 강하고 유연하게 만든다는 것을 깨달았다고 합니다.

시간과 변화 | 오경희

06

시간을 잘 관리하는 것이 성공의 열쇠이다.

Mastering time is the key to success.

모든 이에게 공평하게 주어지는 시간을 어떻게 사용하느냐에 따라 결과는 크게 달라집니다. 학생은 계획적인 학습으로 시험 스트레스를 줄이고 좋은 성적을 얻을 수 있고, 직장인들은 효율적인 시간 관리로 업무 성과를 높일 수 있습니다. 시간은 우리가 관리할 수 있는 귀중한 자산입니다. 여러분도 자신의 시간을 돌아보고, 더욱 효율적으로 관리하여 성공의 열쇠를 쥐길 바랍니다.

시간과 변화 | 오경희 ──────────────────────────── **07**

미래는 오늘 당신이 무엇을 하는가에 달려 있다.

_마하트마 간디

The future depends on what you do today.

_Mahatma Gandhi

사람마다 다르지만, 긍정적이고 밝은 미래를 원하기에 과거보다는 현재에, 현재보다는 미래에 더 많은 의미를 부여합니다. 현재의 시간이 모여 미래를 만듭니다. 미래는 꾸준히 노력한 오늘의 시간과 마주하는 것입니다. 오늘의 행동과 결정에 최선을 다한다면 미래의 오늘은 어제의 오늘보다 조금 더 성장할 것입니다.

시간과 변화 | 오경희 — 08

시간은 모든 것을 지나가게 한다.

_아이스킬로스

Time passes through everything.

_Aeschylus

더 나은 미래를 희망하기에 사람들은 과거보다는 현재에, 현재보다는 미래에 더 큰 의미를 부여합니다. 미래는 갑자기 생겨나는 것이 아니라, 현재의 순간들이 모여 만들어지는 것입니다. 따라서 우리의 미래는 오늘 우리가 무엇을 하느냐에 달려 있습니다. 현재의 행동과 결정이 미래를 형성하는 씨앗이 되는 것입니다. 우리는 마치 시간의 농부처럼, 오늘의 씨앗을 잘 가꾸어 미래의 열매를 수확하게 됩니다.

시간과 변화 | 오경희

1만 시간의 법칙.

The 10,000-Hour Rule.

'1만 시간의 법칙'은 하루 3시간씩 10년, 또는 하루 10시간씩 3년간의 꾸준한 노력으로 한 분야의 전문가가 되기 위해 필요한 연습 시간을 제시한 이론입니다. 우리 인생도 이와 같습니다. 인생의 1만 시간은 사람마다 다른 속도와 크기로 채워지지만, 지속적이고 꾸준한 노력으로 완성됩니다. 걸음마부터 시작해 매일의 반복되는 크고 작은 노력이 모여 우리 인생의 결과물이 됩니다.

시간과 변화 | 오경희 — 10

변화는 삶의 법칙이다.
과거나 현재만 보는 사람들은 미래를 놓치기 마련이다.

_존 F. 케네디

Change is the law of life.
And those who look only to the past or present
are certain to miss the future.

_John F. Kennedy

코로나19는 우리의 일상에 큰 변화를 가져왔습니다. 기존의 방식을 고수한 기업들은 시장에서 뒤처지게 되었고 새로운 흐름을 받아들인 기업들은 더 큰 성장을 이루었습니다.

변화는 피할 수 없는 삶의 일부입니다. 변화의 흐름을 인식하고 수용하여 성장의 발판으로 삼아야 합니다. 변화하는 세상 속에서 미래를 향해 나아갈 때, 우리는 진정으로 성공적인 삶을 살 수 있을 것입니다.

....
....
....
....
....
....

시간과 변화 | 오경희

시간은 만들어진 것이다.
'시간이 없다'는 것은 '원하지 않는다'는 것과 같다.

_노자

Time is a construct.
To say 'I don't have time'
is the same as saying 'I don't want to.'

_Laozi

즐거운 일에는 흔쾌히 시간을 내지만, 필요한 일임에도 불구하고 지루하다는 이유로 미루는 경우가 있습니다. 우리 삶의 우선순위는 시간을 어떻게 구성하고 사용하느냐에 따라 결정됩니다. '시간이 없다'는 말은 그 일의 우선순위가 낮다는 의미일 수 있습니다. 시간은 우리의 선택에 따라 만들어집니다. 중요하고 가치 있는 일에 시간을 투자하는 것이 삶의 질을 높이는 핵심입니다.

....
....
....
....
....
....

시간과 변화 | 오경희   12

소중함을 깨닫는 지금,
현재가 변화와 성공의 타이밍이다.

The present moment,
where we recognize the value of things,
is the timing for change and success.

깨달음을 행동으로 옮기지 않는 사람들은 미래에도 같은 후회를 반복하게 됩니다. 과거는 되돌릴 수 없지만, 현재의 깨달음을 실천하는 것이 미래를 바꾸는 열쇠입니다. 그러니 진정한 깨달음의 순간이 온다면, 현재의 소중함을 인식하고, 이를 변화와 성공의 기회로 삼는 것이 중요합니다. 깨어있는 자세로 현재를 살아가며 미래를 준비하는 현명한 선택이 필요합니다.

시간과 변화 | 오경희 — 13

시간은 신이 모든 인간에게 공평하게 주신 선물이다.

Time is a gift that God has given equally to all humans.

하루 24시간, 1년 365일, 계절의 변화는 변함없이 우리에게 찾아옵니다. 이 시간은 매일 새롭게 시작되기에 우리는 그 가치를 잊고 당연히 여기곤 합니다. 시간을 더 가치 있게 사용하는 사람은 그만큼 풍성한 삶을 살아갈 수 있습니다. 여기서 중요한 것은 정해진 시간 안에 많은 일을 해내는 것이 아니라, 시간을 낭비하지 말고 의미 있게 사용하는 것입니다.

시간과 변화 | 오경희　　　　　　　　　　　　　　　　　　　　**14**

미래는 불확실하지만,
끝은 항상 가깝다.

_짐 모리슨

The future is uncertain,
but the end is always near.

_Jim Morrison

어떤 사람은 항상 내일이 있는 것처럼 살고, 어떤 사람은 오늘만 살 것처럼 행동합니다. 분명한 것은, 언제 어떻게 우리의 유한한 시간과 마주할지 아무도 알 수 없다는 것입니다. 주어진 시간 안에서 열심히 최선을 다하며 살아가는 우리에게 박수를 보내면 좋겠습니다. 하루에 작은 기쁨 하나씩, 감사함을 느낄 수 있는 소소한 행복 한가지씩 만들며 산다면 우리의 삶은 온기로 따뜻해질 것입니다.

시간과 변화 | 오경희

시간은 모든 슬픔을 치유하는 의사이다.

_디필루스

Time is the healer of all sorrow.

_Diophilus

시간은 상처와 슬픔을 치유하는 힘이 있어, 환경적 어려움과 감정적 고통을 극복하게 해줍니다. 사랑하는 이와의 이별이나 힘든 사건의 기억도 시간이 흐르면서 마음 근육이 단단해지고 상처가 아물게 됩니다. 새살이 돋을 때까지 내가 견디는 시간만큼, 모든 슬픔을 이겨낼 수 있습니다. 시간은 우리를 치유하는 의사와 같습니다.

....

....

....

....

....

시간과 변화 | 오경희

16

시간은 날아간다.
당신이 내비게이터가 되는 것은 당신에게 달려 있다.

_존 로버트 오르벤

Time flies.
It is up to you to be the navigator.

_Robert Orben

인간은 시간을 통제할 수 없습니다. 하지만 시간을 어떻게 사용할지는 결정할 수 있습니다. 명확한 목표 설정은 방향을 잃지 않게 해주며, 시간을 효율적으로 활용하여 궁극적으로 우리가 바라는 성공에 도달할 수 있게 해줍니다. 명확한 목표 없이는 방향을 잃고 시간에 휩쓸리게 됩니다. 따라서 자신의 목표를 설정하고 목표를 향해 나아가는 것이 내비게이터로써 우리에게 주어진 가장 큰 권한이자 책임입니다.

시간과 변화 | 오경희

변화는 우리가 우리의 존재에 대해 더 깊이 이해할 수 있게 한다.

Change allows us to understand our existence more deeply.

변화에 적응하기란 쉬운 일은 아닙니다. 그러나 우리는 어려움 속에서 진정한 자신을 발견하고 더 깊이 있게 이해하게 됩니다. 저는 변화 속에서 고통스러워하면서도 자신을 붙잡으려 노력했습니다. 시간이 지나면서 상황을 받아들이고 회복하는 제 모습을 발견했지요. 이 또한 시간이 흐르고 보니 그때가 진정한 나를 만난 시간이었음을 깨달았습니다.

....

....

....

....

....

시간과 변화 | 오경희 — 18

사람은 누구나 자기 자신과의 만남을 위한 시간이 필요하다.
나를 돌아보는 시간은 나를 온전하고 강건하게 한다.

Everyone needs time for meeting themselves.
Time spent reflecting makes us whole and strong.

우리는 목표나 성과를 위해 많은 시간과 에너지를 사용합니다. 그러나 이런 외적인 성과를 자신과 동일시하면, 결과가 기대에 미치지 못할 때 쉽게 무너질 수 있습니다. '무엇'이 되기 위해 달려온 자신을 넘어, 온전한 자신을 만나는 시간이 필요합니다. 진정한 성장과 만족은 자신을 이해하고 받아들이는 과정에서 비롯됩니다. 진정한 자아를 만나기 위해 오늘의 시간을 선물해 보세요.

시간과 변화 | 오경희

노장의 지혜를 배우는 시간은 삶을 풍요롭게 한다.

Learning the wisdom of the elders enriches life.

우리는 노인의 삶을 통해 어디에서도 배울 수 없는 삶의 깊이를 배울 수 있습니다. 깊고 울림 있는 대화는 노인들의 풍부한 경험에서 나오는 내공이며, 학교에서 배운 지식에 비할 수 없는 그들의 인생 역사에서 나오는 힘입니다. 인공지능이 많은 정보를 제공하지만, 노장의 지혜는 어디서도 배울 수 없는 특별한 가치를 지닙니다.

시간과 변화 | 오경희 — 20

시간은 위대한 이야기꾼이다.

_아일랜드 속담

Time is a great storyteller.

_Irish Proverb

오래된 사진첩이나 가족의 앨범을 보면, 과거의 모습과 기억들이 생생하게 떠오릅니다. 당시에는 특별하지 않았던 일들이 시간이 흐르면서 점점 더 소중해집니다. 과거의 경험들은 시간이 지남에 따라 새로운 시각으로 재조명되고, 우리가 앞으로 나아가는 데 중요한 교훈과 지혜를 줍니다. 시간은 그저 지나가는 것이 아니라, 우리 삶에 의미를 부여하는 이야기꾼입니다.

14. 자연과 환경 | 서유진   01

자연은 인간이 들을 준비가 되었을 때 말을 걸어온다.

_존 뮤어

The natural world speaks to us when we are ready to listen.

_John Muir

자연은 언제나 우리 곁에 있지만, 그 속에 있는 깊은 교훈을 얻으려면 마음을 열고 받아들일 준비가 되어 있어야 합니다. 처음엔 무언가를 느끼기가 어려울 수도 있지만, 자연과 교감할수록 그 소중함과 의미를 깨닫게 됩니다. 자연은 조용히 우리에게 말을 걸고 있으며, 우리가 들을 준비가 되었을 때 비로소 진정한 교감을 나눌 수 있습니다.

자연과 환경 | 서유진　02

자연은 서두르지 않지만,
모든 것이 이루어진다.

_노자

Nature does not hurry,
yet everything is accomplished.

_Lao Tzu

자연은 절대 서두르지 않고 제 속도로 완성되어갑니다. 이는 현대를 살아가는 우리에게도 깊은 울림을 주며, 무리하지 않고 자신만의 시간을 따르는 삶의 방식을 일깨웁니다. 자연과 함께하는 삶은 인내와 평온을 배우게 해주며, 느리지만 깊이 있는 성장을 이끌어 줍니다. 자연과 조화롭게 살아갈 때 우리는 더 풍요로운 내면을 가꿀 수 있습니다.

자연과 환경 | 서유진 — 03

자연과 하나가 될 때,
우리는 비로소 진정한 평화를 찾는다.

_라우렌스 더반스

When we become one with nature,
we finally find true peace.

_Laurence Durand

빠르게 변화하는 현대 사회 속에서 자연과의 교감은 잃어버린 평화를 되찾는 길입니다. 산림교육을 통해 아이들은 단순한 학습을 넘어, 나무의 향기와 바람, 숲의 고요함 속에서 마음의 안정과 평온을 느끼게 됩니다. 자연과 하나 될 때, 우리는 비로소 진정한 평화를 찾을 수 있습니다. 자연은 늘 그 자리에 있지만, 이를 받아들일 준비가 되었을 때만 그 진정한 가치를 깨닫게 됩니다.

자연과 환경 | 서유진 — 04

자연은 그 자체로 경이롭다.
우리가 해야 할 일은 그것을 관찰하는 것이다.

_알버트 아인슈타인

Nature itself is magnificent.
All we need to do is observe it.

_Albert Einstein

자연은 스스로 완벽한 질서를 지니고 있습니다. 우리가 할 일은 그저 관찰하고, 그 속에서 배우는 것입니다. 아이들에게 자연을 바라보는 법을 가르칠 때, 자연과 교감하며 스스로 깨닫는 과정을 중시합니다. 자연을 있는 그대로 받아들이고 관찰하는 것은 아이들의 창의력과 호기심을 자극하는 길이며, 이때 비로소 그 경이로움을 발견할 수 있습니다.

자연과 환경 | 서유진 — 05

자연은 우리에게 지혜를 주는 가장 위대한 교사다.

_윌리엄 워즈워스

Nature is the greatest teacher that gives us wisdom.

_William Wordsworth

자연은 가장 위대한 교사로서 우리에게 삶의 깊은 진리를 가르칩니다. 숲에서 보내는 시간은 그들에게 인내와 성장을, 계절의 변화를 통해 순환과 변화의 원리를 배우게 합니다. 자연은 말이 없지만, 그 속에서 얻는 지혜는 삶의 밑거름이 됩니다. 아이들에게 자연의 이야기를 전하는 일은 그들의 마음과 지혜를 열어주는 중요한 과정입니다. 자연과 함께하며 얻는 가르침은 평생을 살아가는 힘이 됩니다.

| 자연과 환경 | 서유진　　06

자연을 사랑하는 것은 미래 세대를 사랑하는 것이다.

_알도 레오폴드

To love nature is to love future generations.

_Aldo Leopold

아이들이 숲에서 나무와 꽃을 보고, 바람과 곤충을 느끼며 자연과 하나 되는 법을 배우는 것은 단순한 놀이가 아닌 소중한 교육입니다. 우리가 자연을 가꾸고 보호하는 것은 아이들이 살아갈 미래를 위한 값진 선물을 준비하는 일입니다. 자연과 교감하며 자란 아이들은 자연을 사랑하고, 그 사랑을 미래로 이어갑니다.

자연과 환경 | 서유진

우리는 자연을 정복하는 것이 아니라,
그것의 일부임을 깨닫는 것이 중요하다.

_존 러스킨

It is important to realize that we are not conquering nature,
but are a part of it.

_John Ruskin

우리는 숲에서 시간을 보내며, 숲에 있는 모두가 함께 살아가는 존재임을 배웁니다. 작은 개미 떼를 보며 아이들이 느낀 자연의 경이로움은, 자연과 우리가 조화롭게 공존해야 한다는 깊은 깨달음으로 이어집니다. 자연을 지키는 것은 미래 세대를 위한 책임이며, 우리는 아이들에게 자연과 함께 살아가는 소중한 가치를 전해야 합니다.

자연과 환경 | 서유진　　　　　　　　　　　　　　　　　　　　　　　　　**08**

자연을 이해하는 것은 우리의 책임이다.

_레이첼 카슨

Understanding nature is our responsibility.

_Rachel Carson

자연은 단순히 즐기는 대상이 아닌, 우리가 보호하고 배워야 할 소중한 세계입니다. 작은 생명체를 관찰하고 나무의 성장을 지켜보는 경험 속에서 우리는 자연과 깊이 교감하고, 자연이 주는 귀중한 가르침을 이해하게 됩니다. 자연을 이해하고 지키는 일은 미래를 위한 첫걸음이며, 아이들에게 전하는 것은 우리의 책임이자 가장 큰 선물이라 믿습니다.

자연과 환경 | 서유진 — 09

생명은 모두 연결되어 있다.

_찰스 다윈

All life is connected.

_Charles Darwin

모든 생명은 깊이 연결되어 있습니다. 자연 속에서 우리는 작은 곤충부터 나무 한 그루까지 서로가 하나로 이어져 있음을 발견합니다. 이 연결성 속에서 자신도 자연의 일부임을 깨닫게 됩니다. 자연을 사랑하고 보호하는 마음은 이 연결성 속에서 자라납니다. 자연을 이해하고 지키는 일은 곧 우리 자신을 지키는 것이며, 우리 모두를 하나로 이어주는 생명의 끈을 존중하는 것입니다.

자연과 환경 | 서유진 — 10

자연 보호는 우리가 미래를 준비하는 가장 확실한 방법이다.

_시어도어 루스벨트

Conservation of nature is the most certain way to prepare for the future.

_Theodore Roosevelt

저는 아이들이 자연을 단순한 놀이터가 아닌 보호해야 할 대상으로 인식하는 모습을 볼 때마다 큰 보람을 느낍니다. 숲에서의 경험을 통해 아이들은 나무와 생명들이 환경에 미치는 가치를 깨닫고, 스스로 자연을 지키려는 마음을 품게 됩니다. 이러한 깨달음이 아이들의 마음에 뿌리내릴 때, 우리는 지속 가능한 미래를 향해 나아갈 수 있습니다. 자연을 지키는 일은 우리가 더 나은 세상을 만들어가는 과정입니다.

자연과 환경 | 서유진

우리는 이 지구를 다음 세대에게 빌려 쓰는 것이다.

_반기문

We are borrowing this Earth from future generations.

_Ban Ki-moon

이 땅은 우리의 소유가 아니라, 미래를 위한 소중한 자산입니다. 아이들과 숲을 거닐며 그들이 나무와 꽃, 작은 생명과 교감할 때, 자연의 가치를 깨닫는 모습을 보며 깊은 보람을 느낍니다. 이러한 경험은 그들의 마음속에 자연을 사랑하고 보호하려는 책임감을 키워줍니다. 환경을 지키는 일은 우리의 책임일 뿐 아니라, 다음 세대를 위한 중요한 약속입니다. 미래를 위해 자연을 소중히 가꾸는 것이야말로 진정한 의미의 준비입니다.

자연과 환경 | 서유진   12

환경 보호는 모두의 책임이다.

_넬슨 만델라

Protecting the environment is everyone's responsibility.

_Nelson Mandela

지구는 우리가 잠시 머물다 다음 세대에게 물려줄 소중한 유산입니다. 유치원에서 아이들과 함께 숲을 탐방하며, 작은 생명에도 소중한 가치가 있음을 깨닫게 할 때마다 큰 보람을 느낍니다. 이러한 경험은 아이들이 자라면서 자연을 존중하고 보호하려는 마음을 키워줍니다. 작은 실천들이 모여 큰 변화를 만들어내고, 이는 지구의 미래를 지키는 힘이 됩니다. 우리가 모두 이 변화에 동참할 때, 더 나은 세상을 만들어 갈 수 있습니다.

자연과 환경 | 서유진

지구는 모든 사람의 필요를 채울 수 있지만,
탐욕을 채울 수는 없다.

_마하트마 간디

The Earth provides enough to satisfy every man's need,
but not every man's greed.

_Mahatma Gandhi

오늘날의 환경 문제는 모두가 성찰해야 할 중요한 과제입니다. 자연은 우리가 소유할 대상이 아니라, 함께 보호해야 할 소중한 자산입니다. 미래 세대에게 깨끗한 지구를 물려주기 위해, 아이들에게 자연의 가치를 일깨우는 교육이 필수적입니다. 환경을 지키는 것은 선택이 아닌 의무입니다. 모두가 자연을 존중할 때, 지구는 더 밝은 내일을 맞이할 것입니다.

자연과 환경 | 서유진 — 14

지구를 지키는 것은 우리가 할 수 있는 가장 중요한 일이다.

_윈스턴 처칠

The most important thing we can do is to protect the Earth.

_Winston Churchill

지구는 모든 생명체의 터전이며, 미래 세대에게 물려주어야 할 소중한 자산입니다. 환경 보호는 우리의 생존과 직결된 필수 과제이며, 작은 실천에서 시작됩니다. 우리들이 전기를 절약하는 습관을 기르거나, 자연에서 주운 나뭇잎을 활용해 창의적인 작품을 만드는 것은 환경 보호의 첫걸음입니다. 이러한 작은 행동들이 모여 더 나은 미래를 만들어갈 것이며, 우리 아이들도 건강한 지구에서 살아갈 기회를 얻게 될 것입니다.

자연과 환경 | 서유진 — 15

생태계 보호는 생존의 문제다.

_미셸 오바마

Protecting the ecosystem is a matter of survival.

_Michelle Obama

자연은 단순한 경관이 아닌, 깨끗한 공기와 물, 우리가 먹는 음식까지 제공하는 생명선입니다. 자원의 남용과 환경 파괴로 생태계가 위협받으면 결국 우리의 생존도 위험해집니다. 일회용품 사용을 줄이고, 재활용을 생활화하며, 에너지를 절약하는 작은 실천이 큰 변화를 만듭니다. 건강한 지구를 다음 세대에 물려주기 위해 지금부터 책임감 있는 행동을 해야 합니다.

자연과 환경 | 서유진　　　　　　　　　　　　　　　16

미래의 에너지는 태양에서 온다.

_토머스 에디슨

The energy of the future comes from the sun.

_Thomas Edison

유한한 자원에 의존해 온 과거를 넘어, 우리는 이제 무한한 자연의 에너지를 바라봐야 합니다. 태양, 바람, 물은 지속 가능한 미래의 원천입니다. 에너지를 절약하고, 재활용하며, 친환경적인 선택을 하는 작은 행동이 모여 큰 변화를 만듭니다. 태양은 매일 우리에게 새로운 기회를 줍니다. 그 빛을 받아들여 더 밝고 깨끗한 내일을 향해 나아갑시다. 우리의 선택이 미래를 만듭니다.

자연과 환경 | 서유진

우리가 환경을 보호하는 만큼,
환경은 우리를 보호할 것이다.

_제인 구달

The more we protect the environment,
the more it will protect us.

_Jane Goodall

저는 아이들에게 환경 보호의 중요성을 가르칠 때, 단순한 규칙이 아닌 자연과 교감하며 깨닫도록 돕습니다. 작은 씨앗을 심고, 동물과 교감하며 생태계의 균형을 이해하는 순간, 아이들은 자연을 사랑하는 법을 배웁니다. 환경을 지키는 일은 우리의 미래를 지키는 일이며, 우리가 이 순환의 고리를 이해하고 실천할 때 진정한 조화가 이루어집니다.

....

....

....

....

....

자연과 환경 | 서유진

18

기후 변화는 이미 일어나고 있다.
이제 행동할 때다.

_그레타 툰베리

Climate change is already happening.
It's time to act.

_Greta Thunberg

기후 변화는 더 이상 먼 미래의 이야기가 아닌, 지금 우리 앞에 닥친 현실입니다. 극단적 기상 이변과 생태계 파괴가 우리의 삶에 영향을 미치고 있습니다. 그러나 우리에겐 아직 희망이 있습니다. 작은 실천과 행동이 모여 큰 변화를 이룰 수 있습니다. 아이들에게 기후 변화의 심각성을 전하며, 함께 변화를 만들어갈 용기를 심어줘야 합니다. 우리의 목소리와 실천이 필요합니다. 지금이 바로 행동할 때입니다.

자연과 환경 | 서유진

지식은 힘이다.
환경에 대한 지식은 지구를 구하는 힘이다.

_프란시스 베이컨

Knowledge is power.
Knowledge about the environment
is the power to save the Earth.

_Francis Bacon

아이들에게 환경을 가르치는 일은 단순한 정보 전달이 아닌, 미래를 위한 희망의 씨앗을 심는 것입니다. 자연의 경이로움과 생태계의 균형을 깨달을 때, 아이들은 변화의 주역으로 성장할 수 있습니다. 환경 교육은 문제의 심각성을 알리되, 해결책을 찾고 실천할 힘을 키워줘야 합니다. 작은 실천이 모여 큰 변화를 만든다는 믿음을 심어주는 것, 그들이 지구를 지킬 강력한 수호자로 자라게 하는 길입니다.

자연과 환경 | 서유진 — 20

자연과 환경을 사랑하는 마음이야말로 우리를 구원할 수 있다.
_애드워드 윌슨

A love for nature and the environment is what can save us.
_Edward Wilson

환경 보호는 단순한 의무가 아닌, 자연에 대한 깊은 애정에서 비롯됩니다. 아이들에게 이 사랑을 심어주는 것이 우리의 소중한 역할입니다. 숲속을 거닐며 나무 향기를 맡고, 작은 꽃의 아름다움을 느끼는 경험을 통해 아이들은 자연과 교감하는 법을 배웁니다. 이러한 사랑이 쌓여 환경을 지키려는 강한 의지로 이어집니다. 우리가 자연을 사랑할 때, 자연도 우리에게 그 사랑을 돌려줍니다.

15. 건강과 웰빙 | 이지원

건강한 삶은 균형 잡힌 삶이다.

_아리스토텔레스

A healthy life is a balanced life.

_Aristotle

지난해 매일 야근에, 주말도 없이 일했던 적이 있습니다. 휴식이라고는 하루 3~4시간의 수면이 전부였고, 식사는 인스턴트 음식으로 대충 허기만 채우기 바빴습니다. 이 일로 삶의 균형은 완전히 깨졌고, 심한 허리통증, 목 통증, 그리고 불면까지 찾아왔습니다. 이런 후유증을 회복하는 데는 수개월이 걸렸지요. 우리의 삶은 일과 휴식, 운동과 영양, 정신적인 안정과 스트레스 관리 등 모든 측면에서 균형을 이루는 것이 아주 중요합니다.

건강과 웰빙 | 이지원 —————————————————— 02

건강은 모든 성공의 기초이다.

_조지프 필래츠

Health is the foundation of all success.

_Joseph Pilates

어느 재수생의 안타까운 사연입니다. 새벽부터 밤늦게까지 여느 때보다 더 열심히 공부했습니다. 성적은 전국 1등을 차지할 정도였지요. 그러나 수능시험을 보기 일주일 전, 누적된 피로로 쓰러졌습니다. 건강이 뒷받침되지 않아 1년간의 긴 수고가 한순간에 무너져내렸습니다. 건강한 몸과 마음은 우리가 목표를 향해 나아가는 데 필요한 에너지와 집중력을 제공합니다. 그러니 건강을 항상 최우선으로 여기고 유지하도록 노력해야 합니다.

건강과 웰빙 | 이지원 — 03

건강한 마음이 건강한 몸을 만든다.

_존 F. 케네디

A healthy mind creates a healthy body.

_John F. Kennedy

먹기만 하면 속이 불편하고 아팠던 적이 있었습니다. 원인을 찾으려고 병원에서 검사를 해보면 모두 정상이라고 했지요. 이럴 때 '마음의 병'이라는 말을 듣기도 하는데, 내면의 두려움, 불안 등도 원인이 될 수 있답니다. 저도 마음속에 뿌리 깊이 박힌 불안과 두려움을 떨쳐낸 그날, 정말 오랜만에 편안하고 행복한 식사를 할 수 있었습니다. 긍정적인 마음가짐과 정신적인 안정을 유지하는 것이 건강한 몸을 만드는 데 무엇보다 중요합니다.

건강과 웰빙 | 이지원 — 04

진정한 부는 돈의 크기가 아니라,
오늘도 웃으며 걸을 수 있는 건강에서 시작된다.

_마하트마 간디

True wealth is not in the amount of money we hold,
but in the health that allows us to walk each day with joy.

_Mahatma Gandhi

수십억의 재산가지만 건강하지 못한 CEO와 매월 300만원 월급이지만 건강한 직원. 당신이라면 어떤 삶을 선택하시겠습니까? 막대한 부를 축적한 CEO는 성공을 위해서 건강을 소홀히 했고, 몇 년 후 뇌경색에 걸려 남은 생을 누워서 지내야만 했습니다. 하지만, 300만원의 월급으로 틈틈이 운동하고, 스트레스를 풀면서 살아온 직원은 오늘도 행복합니다. 건강이 없다면 아무리 재산이 많아도 무의미합니다.

건강과 웰빙 | 이지원 — 05

건강은 우리 자신에게 줄 수 있는 가장 큰 선물이다.

_로버트 어윈

Health is the greatest gift you can give yourself.

_Robert Irwin

30년 동안 매일 아침 집 근처 산을 오르고, 정기적으로 건강검진을 받고, 균형 잡힌 식단을 고집했던 70세 여성은 오늘도 직장에서 일합니다. 그녀의 친구들이 하나, 둘 요양병원에 입원해 있다는 소식을 전해옵니다. 그럴 때마다 자신이 힘들게 건강을 위해 투자했던 30년의 세월이 떠오릅니다. 그것은 그녀가 자신에게 준 가장 큰 선물이었던 것입니다.

건강과 웰빙 | 이지원 ─────────────────────────── **06**

잠은 최고의 명약이다.

_토마스 데커

Sleep is the best medicine.

_Thomas Dekker

수면 중에 신체는 염증 및 스트레스와 싸우는 데 도움이 되는 단백질 '사이토카인'을 생성합니다. 이는 기억통합에 중요한 역할을 하며 정서적 안정을 가져옵니다. 수면은 대사 과정에도 영향을 미쳐서 고혈압, 당뇨병 및 심혈관질환의 위험을 낮춰줍니다. 성장호르몬 분비를 촉진하여 근육 회복과 성장에 큰 역할을 하고 있습니다. 이처럼 충분한 수면은 우리의 건강을 지키는 데 최고의 명약입니다.

건강과 웰빙 | 이지원

오늘의 건강은 내일의 행복을 위한 투자이다.

_앤드류 카네기

The health of today is the foundation
for the happiness of tomorrow.

_Andrew Carnegie

두 친구가 있습니다. 한 사람은 기업 자문가로 활기차게 살고, 또 다른 사람은 심장병과 당뇨병으로 요양병원에 입원해 있습니다. 두 사람은 같은 회사 입사 동기였고 은퇴도 같이했습니다. 하지만, 두사람의 저녁 시간은 달랐습니다. 저녁마다 건강을 위해 운동했던 시간과 술과 담배로 채우며 보낸 시간은 두사람의 노년을 완전히 다르게 만들었습니다.

오늘의 건강 습관이 내일의 행복을 위한 투자임을 두 노년의 친구가 알려주고 있습니다.

| 건강과 웰빙 | 이지원   08

병은 말을 타고 오다가 걸어서 떠난다.

_네덜란드 속담

The disease comes on horseback and leaves on foot.

_Dutch proverb

2019년, 전 세계는 미세한 바이러스 공격에 속수무책이었습니다. 코로나바이러스의 위협은 전 세계 사람들이 일상생활을 하지 못할 정도로 무서운 것이었습니다. 순식간에 목숨까지 앗아갈 정도로 빠르고 강했습니다. 이들이 회복하기까지는 오랜 시간이 필요했습니다. 이처럼 질병의 발병은 빠르지만, 회복 과정은 느린 경우가 대부분입니다. 건강하고 위생적인 생활로 예방하는 습관을 기르면 질병을 태운 말의 속도를 늦출 수가 있습니다.

건강과 웰빙 | 이지원 — 09

모든 인간은 자신의 건강이나 질병의 주인이다.

_붓다

Every human being is the owner of their own health or disease.

_Buddha

체중이 급격히 늘고 콜레스테롤 수치가 높아진 두사람이 있습니다. 의사는 두사람에게 규칙적인 운동을 하고 신선한 제철 음식과 고단백질 및 통곡물이 풍부한 음식을 챙겨 먹어야 한다고 당부했습니다. 한 사람은 의사의 말을 그대로 실천했고, 다른 한 사람은 무시했습니다. 6개월 후 그들은 의사를 다시 찾았습니다. 결과는 어땠을까요? 내 몸은 자유의지로 움직이고 원하는 것을 먹을 수 있지만, 건강에 대한 책임도 내 것이라는 것을 잊지 말아야 합니다.

건강과 웰빙 | 이지원

건강은 잘 있는 사람의 머리에 있는 왕관이며,
오직 아픈 사람만이 그것을 볼 수 있다.

_로빈 샤르마

Health is a crown on the head of the well,
and only the sick can see it.

_Robin Sharma

만능 스포츠맨인 친구가 있었습니다. 운동은 그의 일상 그 자체였습니다. 그가 교통사고로 다리를 다치기 전까지는요. 사고 후 그에게는 수개월의 재활 치료 가 필요했고, 겨우 일상적인 보행만 가능했습니다. 더 이상 예전에 즐겼던 운동은 무리였습니다. 그는 비로소 건강한 다리의 소중함을 깨닫게 되었습니다. 건강한 사람은 자신의 건강을 당연하게 생각하지만 아픈 사람은 그 중요성을 압니다.

건강과 웰빙 | 이지원

건강을 지키기 위해서는 좋지 않은 음식을 먹고,
좋아하지 않는 음료를 마시며,
하기 싫은 일을 해야 한다.

_마크 트웨인

To stay healthy,
you have to eat bad food,
drink drinks you don't like,
and do things you don't want to do.

_Mark Twain

우리는 달고 기름진 음식 대신에 신선한 채소와 과일을 먹어야 할 때가 있습니다. 단 것, 카페인 음료 대신 물이나 건강 차를 선택해야 할 때가 있습니다. 운동을 하는 것도 때로는 귀찮고 힘들 때가 있지만 습관으로 만들어 유지해야 합니다. 이러한 것들이 즉각적인 즐거움이나 편안함과는 거리가 있지만, 건강을 위해 장기적으로 이로운 것들을 실천하려는 의지가 필요합니다.

건강과 웰빙 | 이지원 — 12

식사는 가장 강력한 약이 될 수도 있고,
가장 느린 독이 될 수도 있다.

_앤 위그모어

The food you eat can be either the safest and most powerful form of medicine or the slowest form of poison.

_Ann Wigmore

적절한 영양소는 우리 몸의 기능을 돕고 세포를 보호하며 에너지를 공급합니다. 하지만 붉은 고기, 흰설탕, 흰쌀밥, 튀김류를 즐겨 먹는 식습관은 신체 염증과 혈관 손상, 내장 지방 증가와 함께 여러 문제를 유발합니다. 우리가 매일 먹는 음식은 몸에 약처럼 좋은 영향을 줄 수 있지만, 반대로 오랜 시간 천천히 몸을 해칠 수도 있다는 사실을 명심하세요.

건강과 웰빙 | 이지원

앉아 있는 것은 새로운 종류의 흡연이다.

_제임스 리바인

Sitting is a new kind of smoking.

_Dr. James Levine

오랫동안 앉아 있으면 신체의 신진대사가 느려져 칼로리 소모가 줄고 지방 축적이 증가합니다. 이는 비만, 심장병, 당뇨병, 그리고 조기 사망의 위험을 증가시킵니다. 또한 목, 어깨, 허리 등 근육과 관절에 통증과 손상을 가져다줍니다. 마치 흡연이 건강에 악영향을 주는 것과 같습니다. 그러니 최대한 앉아 있는 시간을 줄여 건강을 유지해야 합니다. 장시간 앉아 있어야 한다면, 1시간 간격으로 10분씩 산책이나 스트레칭을 꼭 해주세요.

건강과 웰빙 | 이지원 ——————————————— 14

맨발 걷기는 치유다.

_박동창

Walking barefoot is healing.

_Dr. Park Dong-chang

지구에는 자연적인 전하가 있습니다. 맨발로 걸을 때 우리 몸은 지구의 전자와 연결되어 자유 라디칼을 중화시키고 신체의 염증을 줄일 수 있습니다. 이는 스트레스 호르몬인 코르티솔 수치를 감소시켜 면역력 증강 및 수면 개선을 초래하고 심신의 안정을 줄 수 있습니다. 발의 혈액순환 촉진을 통해 피로가 줄어들고, 만성 통증 완화에도 도움이 됩니다. 그러니 맨발로 걷는 것만으로도 우리는 자연에서 얻을 수 있는 치유의 효과를 제대로 즐길 수 있습니다.

건강과 웰빙 | 이지원 — 15

어디에서 든 최고의 의사 여섯 명은
햇빛, 물, 휴식, 공기, 운동, 식단이다.

_웨인 필즈

The six best doctors anywhere
are sunlight, water, rest, air, exercise, and diet.

_Wayne Fields

우리는 건강을 찾기 위해 '닥터 쇼핑'을 하고, 좋다는 건강식품을 찾아 나서고, 많은 돈을 투자합니다. 하지만, 우리 가까이에는 훌륭한 명의가 존재합니다. 바로 문을 열고 나서면 언제든 마주할 수 있는 햇빛, 공기가 있습니다. 손만 뻗으면 마실 수 있는 맑은 물이 있고, 밤에는 수면이라는 명의가 기다리고 있습니다. 여기에 운동과 식단으로 건강을 관리하면 최고의 명의는 우리와 늘 함께하는 것입니다.

건강과 웰빙 | 이지원 — 16

좋은 건강은 우리가 살 수 있는 것이 아니다.
그러나 그것은 매우 가치 있는 저축 계좌가 될 수 있다.

_앤 윌슨

Good health is not something we can buy,
but it can be a very valuable savings account.

_Ann Wilson

우리가 젊을 때 규칙적인 운동, 균형 잡힌 식단, 스트레스 관리를 통해 건강에 투자한 만큼 건강적금은 쌓여갑니다. 70~80대가 되면 젊었을 때 투자하고 유지한 건강 덕분에 지역사회 활동에 참여할 수 있고, 질병도 예방이 되어서 의료비도 절감됩니다. 노년기의 삶의 질이 높아지는 것은 건강이 주는 보너스입니다. 나의 건강에 꾸준히 투자하면 시간이 지날수록 엄청난 가치를 지닐 것입니다.

건강과 웰빙 | 이지원

건강은 삶의 엔진이다.
건강이 멈추는 순간, 인생의 모든 바퀴도 멈춰 선다.

Health is the engine of life.
When it fails, every wheel of our journey comes to a halt.

건강을 잃은 순간 내 몸과 마음은 더 이상 효율적인 작동을 멈추게 됩니다. 엔진은 자동차가 원활하게 주행하도록 하는 동력의 근원이지만, 고장이 나는 순간 길 한가운데서 멈춥니다. 건강이 그러합니다. 우리 삶의 모든 측면에 영향을 미칩니다. 운동, 식단, 수면, 스트레스 관리를 통해 건강 엔진을 잘 유지함으로써 직장과 일상생활에서 동력을 받고 원활하게 달릴 수가 있는 것입니다.

건강과 웰빙 | 이지원 ────────────────────── **18**

건강은 정신의 거울이다.

_이순신

Health is a mirror of the spirit.

_Lee Sun-sin

스트레스에 노출되면 신체는 시상하부-뇌하수체-부신(HPA) 축과 교감신경계를 활성화하게 됩니다. 결국 코르티솔과 아드레날린 같은 스트레스 호르몬이 방출되어 심박수 및 혈압이 증가, 저장된 에너지를 고갈시키고, 소화력을 떨어뜨립니다. 오랜 기간 코르티솔에 노출되면 면역체계가 억제되어 만성 염증으로 인한 질병을 유발할 수 있습니다. 이것은 사람의 육체적 건강이 내면의 감정과 정신 상태를 반영한다는 것을 의미합니다.

건강과 웰빙 | 이지원

노화는 잃어버린 젊음이 아니라 기회와 힘의 새로운 단계이다.

_베티 프리단

Aging is not lost youth,
but a new stage of opportunity and power.

_Betty Friedan

65세에 외과 의사로서 은퇴한 저의 은사님은 한동안 일상 적응이 어려워 우울감이 심했습니다. 하지만, 은퇴를 생산적인 삶의 마지막 시점으로 보는 대신, 자신의 열정을 추구하고 지역사회에 기여하며 계속 성장하고 배울 기회로 만들었습니다. 노화는 젊음의 상실이 아니라, 기회와 힘의 새로운 단계임을 우리에게 몸소 보여주고 있습니다. 긍정적인 사고가 그 근본의 힘입니다.

건강과 웰빙 | 이지원

운동은 몸과 마음을 치유하는 최고의 약이다.

Exercise is the best medicine for body and mind.

운동은 심장을 강화하고 혈액 순환을 개선하여 심혈관 질환의 위험을 줄이고, 골밀도와 근력을 향상해 골다공증 및 근 감소증의 위험을 줄일 수 있습니다. 또한 코르티솔과 아드레날린 같은 스트레스 호르몬 수치를 줄임으로써 몸과 마음에 안정을 줄 수 있습니다. 규칙적인 운동은 신체적인 건강뿐만 아니라 정신적인 건강에도 큰 영향을 미칩니다.

리더십과 커뮤니티

16	17	18	19
창의성과 혁신	리더십과 영향력	성공과 실패	커뮤니티와 인간관계
배은주	이연희	마광오	하예랑

명언은 어떻게 삶의 힘이 되는가

16. 창의성과 혁신 | 배은주

실수는 창의성의 씨앗이다.
두려워하지 말고 혁신을 향해 나아가라.

Mistakes are the seeds of creativity.
Don't fear, stride towards innovation.

대학교 때부터 집안 사정으로 수십 개의 아르바이트를 했습니다. 대학교를 졸업한 후에는 직장을 구하기 위해 수많은 곳에 이력서를 썼어요. 그중 연락이 오는 곳이 단 한 군데에 불과하더라도, 저는 제가 해야 할 일을 계속해 나갔고, 면접 보고 취업하고 실수와 도전을 거듭하면서 만약 누군가가 미래에 대한 불안을 가지고 어떻게 살아야 하는지 물어본다면, 'Just do it!'이라고 말씀드리고 싶습니다.

창의성과 혁신 | 배은주 ─────────────── 02

나를 죽이지 못하는 것은 나를 더 강하게 만든다.

_프리드리히 니체

What doesn't kill me makes me stronger.

_Friedrich Nietzsche

대학교 1학년 때 아버지의 사업이 실패해 아버지와 어머니 두 분 모두 채무자들을 피해 다른 곳으로 피신하셨습니다. 하굣길에는 늘 채무자들이 저를 기다리고 있었습니다. 그때 제 인생을 포기했더라면 아무것도 바뀌지 않았을 것입니다. 하지만 저는 죽을힘을 다해 다양한 아르바이트와 영어 공부를 병행하며 원하던 회사에 입사했고, 결국 아버지의 채무를 갚으면서 끝까지 살아냈습니다. 저를 살린 것은 그때의 '죽을힘'이었던 것입니다.

창의성과 혁신 | 배은주 — 03

천천히 그리고 꾸준히 가는 것이 경주에서 이긴다.

_이솝우화의 토끼와 거북이

Slow and steady wins the race.

_The Tortoise and the Hare from Aesop's Fables

주변을 둘러보면 항상 반짝반짝 빛나는 사람들이 있습니다. 묵묵히, 끝까지, 무언가를 꾸준히 하시고 결국에는 해내는 사람들입니다. 저도 그런 분들을 보고 배우려고 얼마나 노력했는지 모릅니다. 컴퓨터 끄고 켤 줄도 모르던 제가 꾸준히 공부해 지금은 AI 강사이자 구글 공인 트레이너로서 대학교평생교육원과 관공서에 출강하게 되었지요. 이럴 때 다시 한번 깨닫습니다. 최고의 탁월함은 꾸준함이라는 것을요. 그것이 혁신의 출발점이라는 것을요.

창의성과 혁신 | 배은주 — 04

가끔은 이기고 가끔은 배운다.

_존 맥스웰

Sometimes you win, sometimes you learn.

_John Maxwell

우리는 누군가의 성공을 보면서 열광하지만, 그가 거둔 성공의 뒷면에는 수천 번, 수만 번의 실패가 반드시 숨어 있습니다. 따라서, 실패를 통해 배우고 다시 일어서나면 우리는 성공할 수 있습니다. 저는 오늘도 실패할 준비가 되어 있습니다. 물론, 실패하면 속상합니다. 하지만, 다시 일어설 수 있는 힘만 있으면 언제든지 나아갈 수 있다고 생각합니다.

| 창의성과 혁신 | 배은주 —————————————————— 05

중요한 일 중 급한 것이 없고 급한 일 중 중요한 일은 거의 없다.

_드와이트 D. 아이젠하워

None of the important things are urgent and few of the urgent things are important.

_Dwight D. Eisenhower

저는 항상 닥친 일부터 먼저 처리하는 성향이 있습니다. 그래서 이 명언을 읽을 때마다 뜨끔하게 됩니다. 누군가가 말하길, 병을 가득 채우려면 먼저 큰 돌부터 넣어야 한다고 했습니다. 제 인생에서 가장 중요한 일이 무엇인가를 생각해보면, 먼저 내가 나를 소중히 여기는 일부터 시작해야 하지 않을까 하는 생각이 듭니다. 내가 나를 사랑해야 남을 사랑할 수 있으니까요.

창의성과 혁신 | 배은주 — 06

나는 실패한 것이 아니다.
그저 작동하지 않는 10,000가지를 발견했을 뿐이다.

_토마스 에디슨

I have not failed.
I've just found 10,000 ways that won't work.

_Thomas Edison

많은 사람이 실패를 두려워하지만, 제게 있어 실패란 성공으로 가는 또 하나의 길이며, 새로운 도전의 시작입니다. 실패는 누구에게나 찾아옵니다. 하지만 중요한 것은 '실패를 받아들이는 용기'라고 볼 수 있습니다. 실패를 두려워하지 않는 마음가짐이야말로 도전을 위한 혁신입니다. 실패를 통해 우리는 기존의 방식을 개선하고 더 나은 해결책을 찾아내며, 이것이 바로 혁신의 과정입니다.

창의성과 혁신 | 배은주 ─────────────────── 07

인생의 목적은 행복해지는 것이 아니다.
유익하고, 존경받고, 자비로우며, 당신이 살았다는 것,
그리고 잘 살았다는 사실이 차이를 만드는 것이다.

_랄프 왈도 에머슨

The purpose of life is not to be happy.
It is to be useful, to be honorable, to be compassionate,
to have it make some difference that you have lived
and lived well.

_Ralph Waldo Emerson

많은 사람이 삶에서 행복을 찾기 위해 고민과 노력을 합니다. 저도 어떻게 사는 것이 행복인가 생각을 거듭했던 때가 있었습니다. 그러던 어느 날, 저에게 배운 것들을 활용하면서 삶의 질이 나아졌다는 학습자들의 말을 전해 들었을 때, 구글 공인 트레이너로서 제 꿈, 삶의 목적이자 의미를 이루고 완성해 나갈 때 행복이 따른다는 것을 깨달았습니다.

창의성과 혁신 | 배은주 — 08

불안과 용기, 응원이 공존할 때 혁신이 피어난다.
오뚝이처럼 일어서라.

Innovation blooms when anxiety, courage,
and support coexist. Rise like a roly-poly toy.

제 책상에는 '불안이', '괜찮이', '응원이'라 부르는 오뚝이가 세 개가 있습니다. '불안이'는 항상 새로운 것에 두려움이 있는 소심한 친구입니다. '괜찮이'는 도전 앞에서 넘어져도 괜찮다고, 다들 넘어져 가면서 성장하는 거라고 저에게 속삭여줍니다. 마지막 오뚝이인 '응원이'는 '할 수 있어요!!' 하고 외쳐 주는 저만의 멘토 박사님입니다. 저는 항상 제 책상 위에 놓여있는 오뚝이들을 보면서 다시 일어설 용기를 얻습니다.

창의성과 혁신 | 배은주 — 09

혁신은 내면의 나침반을 따라갈 때 시작된다.
변화하는 세상에서 자신만의 방향을 찾아라.

Innovation begins when you follow your inner compass.
Find your own direction in a changing world.

사막을 건너는 6가지 방법 중 한 가지는, 지도를 보지 말고 나침반을 따라가는 것입니다. 세상은 빠른 속도로 발전하고, 사람들의 관심도 끊임없이 바뀌고 있습니다. 마치 모래사막과도 같은 세상에서, 우리가 따를 수 있는 것은 내면의 나침반뿐입니다. 변화하는 세상에서 진정한 혁신을 원한다면, 사람들의 관심을 따라가지 말고 먼저 진정한 나를 만나 내면의 나침반을 살펴야 할 것입니다.

창의성과 혁신 | 배은주 — 10

혁신은 불가능을 가능으로 바꾼다.
우리의 상상이 현실이 되는 순간, 새로운 세상이 열린다.

_스티브 잡스

Innovation transforms the impossible into the possible.
When imagination becomes reality, a new world opens.

_Steve Jobs

과거의 저는 틀 안에 갇혀 있었습니다. 남들이 정해놓은 방식대로만 살아야 한다는 압박감, 새로운 시도를 할 수 없을지도 모른다는 두려움 속에 허덕였습니다. 그러다 제가 새로운 도전을 하고 변화를 만들어낼 때, 주변도 함께 변화한다는 것을 깨달았습니다. 꼭 제 인생이 흑백 TV에서 컬러 TV로 바뀐 것처럼, 긍정적이고 창의적인 시각으로 세상을 바라보게 되었습니다. 따라서 저는 오늘도 끊임없이 혁신을 추구합니다.

창의성과 혁신 | 배은주

혼자서는 할 수 있는 일이 적지만,
함께라면 할 수 있는 일이 매우 많다.

_헬렌 켈러

Alone we can do so little;
together we can do so much.

_Helen Keller

저는 구글 도구 모음을 가르치며 더욱더 많은 분이 구글 공인 교육자가 되실 수 있도록 돕고 있습니다. 다양한 분들과 함께하면서 서로의 경험과 지식을 공유하며 혼자서는 생각하지 못했던 새로운 교육 방법들을 발견할 수 있었습니다. 이러한 협력적 학습 환경은 교육 현장의 혁신을 이끄는 원동력이 되었고, 저와 함께하시는 분들의 목적을 달성하는 데 더 나은 조력자가 되기 위해 계속해서 도전하고 있습니다.

창의성과 혁신 | 배은주 — 12

나는 삶에서 긍정의 힘을 믿고 이를 적극적으로 활용한다.

_노먼 빈센트 필

I believe in the power of affirmations
and utilize them in my life.

_Norman Vincent Peale

저는 어렸을 때부터 상당히 부정적인 사람이었습니다. 항상 느리고 서툴렀으며, 4남매 중에서도 늘 뒤처지는 아이였지요. 초등학교 3학년 때는 구구단을 외우지 못해 반에서 꼴찌를 하기도 했습니다. 그러나 지금은 수많은 경험과 실패에 굴하지 않고 나아가 지금은 대학교 강단에 올라 많은 수강생 앞에 당당히 서게 되었습니다. 저는 지금도 삶을 더욱 긍정적으로 생각하는 사람으로 변하고 있으며, 긍정의 힘을 믿습니다.

창의성과 혁신 | 배은주

누군가 당신에게 놀라운 기회를 제공하는데,
당신이 그 일을 할 수 있을지 확신이 없다면,
일단 예스라고 답하라
– 그리고 나중에 그 일을 배우면 된다!

_리처드 브랜슨

If somebody offers you an amazing opportunity
but you are not sure you can do it, say yes
– then learn how to do it later!

_Richard Branson

저의 둘째 딸이 서울에 있는 대학에 입학하게 되자, 지방에서 자란 딸이 어디서 지낼지가 큰 걱정거리였습니다. 그때, 누군가 청년 전세 임대 1순위 입주자를 모집한다는 정보를 알려주었습니다. 이 한 가지 정보를 듣자마자 저는 동사무소부터 시작해 LH공사까지 발로 뛰어다니고, 인터넷 카페를 뒤지며 모든 정보망을 활용해 기회를 잡았습니다. 생각해보면, 세상은 늘 손을 내미는 사람에게 항상 기회를 주었던 것 같습니다.

창의성과 혁신 | 배은주 — 14

더 나은 것을 알기 전까지는 할 수 있는 최선을 다하라.
더 나은 것을 알게 되면, 더 잘하라.

_마야 안젤루

Do the best you can until you know better.
Then when you know better, do better.

_Maya Angelou

힘들었던 어느 날, 마음에 와닿았던 글귀가 있습니다. 문제가 닥쳤을 때, 긍정의 아이콘은 '무슨 방법이 있을 거야.'라고 생각한다고 하더군요. 저는 일찍 돌아가신 아버지로 인해 슬픔과 절망이 컸지만, 곧 '뭔가 다른 방법이 있을 거야.'하는 생각으로 조금씩 나아갔습니다. 누구나 자기 잠재력이 어디까지인지 모릅니다. 계속해서 자신을 발전시키고 도전하는 혁신의 자세, 그것이야말로 진정한 삶의 자산이 아닐까 생각합니다.

창의성과 혁신 | 배은주 — **15**

인생은 자신을 찾는 것이 아니라,
자신을 만들어가는 것이다.

_조지 버나드 쇼

Life isn't about finding yourself.
Life is about creating yourself.

_George Bernard Shaw

대학교 4학년 때 취업이 막막해 무작정 외국계 회사 100곳을 검색해 팩스로 100개의 이력서를 보낸 기억이 납니다. 그중 단 2곳에서 연락이 왔고, 비록 임시 계약직이었지만 그 기회를 발판으로 삼아서 더 넓은 세상을 경험하며, 한 걸음 한 걸음 성장해 나갈 수 있었습니다. 많은 좌절과 상처, 그리고 성취감을 경험했고, 지금도 여전히 그러고 있지만, 제 삶을 만들어 나간다는 사실이 저에게는 더 큰 의미로 다가옵니다.

창의성과 혁신 | 배은주 — 16

인생은 목적지가 아니라 여정이다.

_랄프 왈도 에머슨

Life is a journey, not a destination.

_Ralph Waldo Emerson

이번에 영화 '인사이드 아웃 2'를 보면서 느낀 점이 있습니다. 기쁨은 항상 슬픔과 함께 동반된다는 것, 그래야만 기쁨을 더 깊이 알 수 있다는 것을요. 삶은 결국 상황을 어떻게 해석하느냐에 달려 있다는 것입니다. 힘든 일은 언제나 존재하기 마련이지만, 저는 웃음으로 넘깁니다. 이 또한 지나갈 것이고, 그 힘든 일들은 시간이 지나면 저에게 또 다른 통찰력을 주어 삶이 조금 더 깊어지는 것을 느끼기 때문입니다.

창의성과 혁신 | 배은주

나는 소중하며 존중받을 만한 존재이다.

_엘리너 루스벨트

I am valuable and worthy of respect.

_Eleanor Roosevel

제 주변 사람들은 어린 시절의 제가 굉장히 자존감이 낮았다는 사실에 많이 놀라십니다. 어릴 때부터 무슨 일을 해도 느리고 서툴러서 질책과 야단을 많이 받으며 자랐습니다. 우연히 김춘수 시인의 '꽃'을 필사하면서 눈물이 왈칵 쏟아졌습니다. '나는 내 이름을 제대로 불러준 적 있는가?' 라는 질문에 깊이 공감했고, 내가 나를 온전히 사랑할 때만 비로소 혁신이 시작되며, 앞으로 한 걸음씩 나아갈 수 있다는 것을 알게 되었습니다.

창의성과 혁신 | 배은주 ──────────────── **18**

나는 매일 내 능력을 강화해 나간다.

_에이브러햄 링컨

I empower myself every day.

_Abraham Lincol

저는 2020년 코로나 시기에 처음으로 '디지털 전환'이라는 단어를 접했습니다. 무수한 실패와 좌절을 겪으면서 구글 공인 교육자와 구글 공인 트레이너가 되었고, 지금은 대학 평생교육원에서 강의하고 있습니다. 저는 계속해서 성장하려 합니다. 매일 하루를 마무리할 때, 나는 오늘 무엇을 배웠고, 어떤 능력을 더 강화해야 하는지 생각합니다. 지금, 이 순간에도 하나를 배울 수 있음에 기뻐하며 한 걸음씩 나아가고 있습니다.

창의성과 혁신 | 배은주 — 19

행복은 나의 일상 속 작은 승리에서 비롯된다.

_로버트 브라우닝

Happiness comes from the small victories in my life.

_Robert Browning

매일 아침 7시에 100번 구르기를 합니다. 정말 하기 싫은 날도 많았지만, 성공 한 날이 100일에 가까워지자, 생각이 완전히 달라졌습니다. 운동이란 항상 하기 전에 힘들고, 하고 나면 개운한 것이며, 이것은 나에 대한 승리이자, 일상의 변화를 가져다주는 작은 혁신이라는 것을 깨달았습니다. 운동을 마무리할 때면, 저는 승리로 하루를 시작하는 것 같습니다. 오늘도 저는 행복을 위한 작은 승리를 획득했습니다.

창의성과 혁신 | 배은주　　20

나는 삶에서 긍정적인 영향을 미치는 사람들과 시간을 보낸다.

_짐 론

I spend time with people who are positive influences in my life.

_Jim Rohn

저는 온라인에서 여러 커뮤니티에 속해 있습니다. 새벽 5시부터 굿모닝 인사로 시작해, 많은 분이 긍정적인 확언과 좋은 기운으로 하루를 엽니다. 함께 성장하기 위해 도전에 관한 긍정적인 이야기들을 나눕니다. 같이 빛나는 많은 분과 시간을 보내면서 저는 새로운 에너지를 얻고, 또다시 한 걸음씩 성장해 나아갑니다.

17. 리더십과 영향력 | 이연희

가장 위대한 리더는 가장 위대한 일을 하는 사람이 아니다.
그는 사람들이 위대한 일을 하게 만드는 사람이다.

_로널드 레이건

The greatest leader is not necessarily the one who does the greatest things. He is the one that gets the people to do the greatest things.

_Ronald Reagan

리더는 직원을 부하라고 생각하고 꼭대기에 있는 권력자가 아니라 팀원들이 최고의 성과를 낼 수 있도록 동기부여하고 지원하는 사람입니다. 리더가 권력의 굴레에 들어갈 때, 직원도 권력의 부하가 되며 결국 조직이 와해됩니다. 그러나 리더십의 방향성에 따라 그 조직은 위대한 팀으로서 결과와 성과에 집중할 수 있는 능력이 생기는 것입니다.

리더십과 영향력 | 이연희 — 02

리더십은 비전을 현실로 전환하는 능력이다.

_워렌 베니스

Leadership is the capacity to translate vision into reality.

_Warren Bennis

간절하게 꿈을 꾸는 사람은 이루게 되어있고, 말하는 대로 되는 것이 인생입니다. 어떤 상황에서도 늘 비전을 꿈꾸고 갈망하면 현실로 전환되는 것입니다. 리더십이란 미래의 비전을 제시할 뿐만 아니라 이를 실현할 수 있는 실행력이라고 말합니다. 비전을 구체적인 목표와 계획으로 전환하여 팀이 이를 성취하도록 이끄는 것이 리더의 중요한 역할이지요.

리더십과 영향력 | 이연희 — 03

리더십의 기능은 더 많은 추종자를 만드는 것이 아니라,
더 많은 리더를 만드는 것이다.

_랄프 네이더

The function of leadership is to produce more leaders,
not more followers.

_Ralph Nader

다양한 리더십 스타일과 아이디어가 존재할 때, 조직은 더 창의적이고 혁신적으로 발전할 수 있습니다. 각기 다른 리더들은 다양한 배경과 관점을 가졌기에 조직에서는 문제 해결과 새로운 기회 창출에 큰 도움이 됩니다. 따라서 리더가 더 많은 리더를 양성하는 것은 조직의 성장과 발전에 필수적입니다. 리더의 진정한 유산은 자신이 떠난 후에도 지속되는 영향력에 있습니다.

| 리더십과 영향력 | 이연희 — 04

혁신은 리더와 추종자를 구분 짓는다.

_스티브 잡스

Innovation distinguishes between a leader and a follower.

_Steve Jobs

혁신적인 리더는 항상 미래를 내다보며 새로운 기회를 모색합니다. 그러나 혁신에는 항상 불확실성과 위험이 따르기 마련이지요. 리더는 이러한 위험을 감수하고 새로운 길을 개척해야 하는 사람들입니다. 어렵고 힘들지만, 실패의 가능성에도 불구하고, 성공을 위한 새로운 시도를 계속한다는 의미입니다. 지시를 받는 사람은 안정적인 길을 선호하며, 리더가 개척한 새로운 길을 따라가는 경향이 있기에 혁신에 다가가기가 어렵습니다.

| 리더십과 영향력 | 이연희

05

리더는 길을 알고,
그 길을 가고,
그 길을 보여주는 사람이다.

_존 C. 맥스웰

A leader is one who knows the way,
goes the way,
and shows the way.

_John C. Maxwell

리더는 자기 경험과 통찰력을 바탕으로 올바른 길을 찾고, 이를 통해 팀의 신뢰를 얻습니다. 또 리더는 단순히 방향을 제시하는 것에 그치지 않고, 자신이 말한 길을 직접 걷는 것이 중요해요. 아침에 출근하는 게 힘들어 매일 늦게 출근하는 오너가 있다면, 그것을 보는 직원들도 '늦어도 되겠지'하는 안일한 생각하게 될 것입니다. 리더는 솔선수범을 통해 팀원들에게 신뢰와 존경을 얻는 과정이 필요한 걸 기억해주세요.

리더십과 영향력 | 이연희 — 06

의사소통의 예술은 리더십의 언어이다.

_제임스 휴메스

The art of communication is the language of leadership.

_James Humes

업무를 하다 보면 조직 내에서 갈등은 불가피하게 발생하는 경우가 있습니다. 이때 리더는 문제를 해결하는 데 중요한 역할을 하게 됩니다. 리더라면 직접 대화로 그들과 소통하고 감정을 읽어주는 것이 필요합니다. 그러려면 경청이 필수이나 무조건 수용도 금물입니다. 리더는 상담 능력을 통해 새롭게 한 사람을 변화시킬 수 있는 비전을 가진 사람이기 때문입니다.

리더십과 영향력 | 이연희 ─────────────── 07

리더십과 학습은 서로에게 필수이다.

_존 F. 케네디

Leadership and learning are indispensable to each other.

_John F. Kennedy

리더는 끊임없이 배우며 자기 개선을 추구해야 합니다. 학습은 리더의 성장을 돕고, 새로운 상황에 효과적으로 대응할 수 있게 합니다. 이는 조직의 유연성과 회복력을 높이게 되는 것이지요. 리더는 지속해서 학습하고 성장해야만 진정한 리더십을 발휘할 수 있습니다. 리더의 학습과 성장은 팀 구성원의 능력 향상으로 이어지고, 조직 전체의 성과를 높일 수 있습니다.

리더십과 영향력 | 이연희 — 08

미래를 예측하는 가장 좋은 방법은 그것을 창조하는 것이다.

_피터 드러커

The best way to predict the future is to create it.

_Peter Drucker

주어진 상황을 수동적으로 받아들이지 않고, 적극적이고도 주도적으로 나의 비전과 전략을 통해 원하는 미래를 만들어 갔습니다. 리더는 기존의 방식을 탈피하고, 새로운 아이디어와 접근 방식을 도입하여 미래를 설계해야 해요. 조직이 경쟁에서 앞서 나가고, 지속적인 성장을 이루는 데 중요한 역할을 합니다. 리더라면 미래에 대한 주도적인 접근 방식을 알아야 합니다.

리더십과 영향력 | 이연희 — 09

리더는 해결책에 대해 생각하고 이야기한다.
직원들은 문제에 대해 생각하고 이야기한다.

_브라이언 트레이시

Leaders think and talk about the solutions.
Followers think and talk about the problems.

_Brian Tracy

리더라면 문제에 대해 지나치게 걱정하는 대신, 해결책을 찾는 데 집중해야 합니다. 단순하게 1가지 대안을 제시하는 것이 아닌 플랜 D까지 세운 다음 한가지가 실패할 경우 다음 방법으로 빠르게 해결해 나가야 합니다. 문제가 생기면 리더는 불평하는 것이 아니라, 문제를 해결하기 위한 구체적인 행동을 취해야 하죠. 그러나 직원들은 문제만 바라볼 뿐 해결책을 제시하는 데 있어 미온적일 수 있습니다.

리더십과 영향력 | 이연희 — 10

관리란 일을 올바르게 하는 것이고,
리더십이란 올바른 일을 하는 것이다.

_피터 드러커

Management is doing things right;
leadership is doing the right things.

_Peter Drucker

조직의 효율성과 효과성을 동시에 추구하기 위해 두 가지 접근 방식을 알 필요가 있습니다. 하나는 관리, 하나는 리더십입니다. 관리는 주어진 자원을 최대한 활용하여 효율성을 높이는 데 중점을 두고, 리더십은 올바른 목표를 설정하여 효과성을 추구해야 합니다. 관리와 리더십은 상호 보완적이라고 할 수 있습니다. 관리와 리더십이 조화를 이루려면 효율성과 효과성의 균형을 맞추는 게 중요하겠지요.

리더십과 영향력 | 이연희

리더가 가장 뛰어날 때는 사람들이 그의 존재를 거의 알지 못할 때이다.
그의 일이 끝나고, 목표가 달성되면, 사람들은 말할 것이다:
"우리가 해냈다!"

_노자

A leader is best when people barely know he exists.
When his work is done, his aim fulfilled, they will say:
"We did it!"

_Lao Tzu

'서번트 리더십(Servant Leadership)'은 팀원들이 스스로 일을 해결하고, 목표를 달성할 수 있도록 권한을 부여합니다. 리더는 직접적인 개입 없이 팀의 방향을 조정하고, 목표를 향해 나아가도록 유도해야 하죠. 이때 리더의 목표는 팀이 자발적으로 성취감을 느끼도록 하는 것입니다. 팀이 자신들의 노력으로 목표를 달성했다고 느낄 때, 리더의 진정한 성공이 이루어지는 것입니다.

리더십과 영향력 | 이연희 ——— 12

리더십은 지휘하는 것이 아니다.
당신의 책임하에 있는 사람들을 돌보는 것이다.

_사이먼 시넥

Leadership is not about being in charge.
It is about taking care of those in your charge.

_Simon Sinek

리더가 팀원들이 자신의 고민이나 어려움을 자유롭게 공유할 수 있는 환경을 만들어야 그들이 리더에게 모든 상황을 나눌 수 있게 됩니다. 리더는 자신이 바라는 행동과 태도를 직접 보여주고 그들에게 선행을 합니다. 리더가 자신의 책임을 다하고, 팀원들을 존중하고 돌보는 모습을 통해 팀원들도 비슷한 태도를 가지게 되며 선한 영향력을 행사할 수 있어요.

리더십과 영향력 | 이연희

리더는 실용적이고 현실적이어야 하지만,
비전과 이상을 말하는 언어를 사용해야 한다.

_에릭 호퍼

The leader has to be practical and a realist,
yet must talk the language of the visionary and the idealist.

_Eric Hoffer

리더는 자원과 시간의 효율적인 사용을 통해 조직의 운영을 최적화할 수 있는 능력이 있어야 합니다. 이는 조직이 직면한 도전 과제를 효과적으로 해결하고, 목표를 달성하기 위해 실용적인 접근 방식을 사용하는 것을 의미해요. 그러나 비전이 없으면 그 조직은 방향성을 잃고 표류하는 배처럼 허비하는 시간이 많을 것입니다. 리더의 비전 제시는 동기 부여와 목표 의식에 함께 전진하는 조직을 만들어 가는 것입니다.

리더십과 영향력 | 이연희 — 14

사람들의 성장과 발전이 리더십의 가장 높은 소명이다.

_하비 S. 파이어스톤

The growth and development of people
is the highest calling of leadership.

_Harvey S. Firestone

팀원들에게 업무에 대한 코칭과 멘토링을 해주며 보완해 줄 때, 업무의 새로운 방향과 비전을 인식하고 스스로 발전하는 모습을 지켜볼 수 있었어요. 리더는 팀원들에게 필요한 자원과 기회를 제공하여 그들이 자기 잠재력을 최대한 발휘할 수 있도록 돕는 역할을 해야 합니다. 이는 팀원들이 스스로 문제를 해결하고 목표를 달성할 수 있는 능력을 키우는 것을 포함해요.

리더십과 영향력 | 이연희

리더십의 예술은 '예'가 아니라 '아니오'라고 말하는 것이다.
'예'라고 말하는 것은 매우 쉽다.

_토니 블레어

The art of leadership is saying no, not yes.
It is very easy to say yes.

_Tony Blair

어떤 상황에서도 방향성이 다른 업무 환경이라면 거절할 능력이 있어야 합니다. 그래서 팀이 중요한 목표와 전략에 집중할 수 있도록 해야 하죠. 모든 요청을 수용하면 자원이 분산되고, 팀의 집중력이 떨어질 수 있습니다. 리더는 명확한 경계를 설정하고, 팀의 시간과 자원을 효율적으로 관리해야 하기에 '아니오'라고 말함으로써 팀의 리소스와 에너지를 보호할 수 있는 것입니다.

리더십과 영향력 | 이연희 ——————————————————— **16**

좋은 리더는 자신의 책임을 조금 더 지고,
공로를 조금 덜 가져간다.

_아놀드 H. 글래소우

A good leader takes a little more than his share of the blame,
a little less than his share of the credit.

_Arnold H. Glasow

좋은 리더는 책임을 스스로 감당함으로써, 리더는 팀원들에게 신뢰를 얻고, 어려운 상황에서도 책임감을 보여줍니다. 이는 팀원들에게 실패에 대한 두려움을 줄이고, 문제를 해결하는 데 적극적으로 나설 수 있는 환경을 조성해 주는 것이죠. 팀원들의 동기를 높이고, 그들이 더 많은 성취감을 느끼게 합니다. 리더가 공정하게 행동하면, 팀원들은 협력적인 분위기와 긍정적인 작업 환경을 조성하는 것입니다.

리더십과 영향력 | 이연희

좋은 리더는 사람들을 위에서 이끈다.
위대한 리더는 사람들을 내면에서 이끈다.

_M. D. 아놀드

A good leader leads the people from above them.
A great leader leads the people from within them.

_M. D. Arnold

좋은 리더는 권위와 지시를 통해 팀원들을 이끌고 명확한 지침과 방향을 제공하며, 조직의 목표를 달성하기 위한 구조적인 접근을 할 수 있습니다. 마음으로부터 팀원을 소중히 여기고 이끌어가는 방식은 팀원들의 자율성과 열정을 극대화하며, 조직의 문화를 더욱 강력하게 만듭니다. 리더가 팀원들의 가치관과 비전에 공감하면서, 그들도 조직의 목표를 자신의 목표로 삼을 수 있습니다.

리더십과 영향력 | 이연희 — 18

오늘날 성공적인 리더십의 열쇠는 권위가 아니라 영향력이다.

_케네스 블랜차드

The key to successful leadership today is influence, not authority.

_Kenneth Blanchard

현대의 성공적인 리더는 권위를 사용하는 대신 팀원들에게 긍정적인 영향을 주려고 노력합니다. 권위는 명령과 지시를 통해 지배력을 행사하는 반면, 영향력은 개인의 신뢰와 존경을 통해 자발적인 협력을 유도할 수 있기 때문입니다. 영향력 있는 리더는 팀원들과 강한 신뢰 관계를 구축할 수 있습니다. 신뢰와 존경을 기반으로 한 관계는 팀원들이 리더의 비전과 목표에 동참하도록 유도하게 되죠.

리더십과 영향력 | 이연희

성공을 축하하는 것도 좋지만,
실패에서 얻은 교훈을 주의 깊게 듣는 것이 더 중요하다.

_빌 게이츠

It's fine to celebrate success
but it is more important to heed the lessons of failure.

_Bill Gates

실패는 단순히 부정적인 결과가 아니라 중요한 학습의 기회입니다. 리더와 팀원들은 실패를 통해 문제를 분석하고, 잘못된 점을 고치며, 향후 유사한 상황에서의 대응 방식을 개선할 수 있는 능력이 생기죠. 성공을 축하하는 것은 팀의 사기를 높이는 기회지만, 그렇다 하더라도 교훈을 반영하는 균형 잡힌 접근이 필요합니다.

리더십과 영향력 | 이연희 — 20

남을 따르는 법을 배우지 못한 사람은 좋은 지도자가 될 수 없다.

_아리스토텔레스

He who has never learned to obey
cannot be a good commander.

_Aristotle

자신과 다른 뜻을 가진 상사에게 작게나마 그 뜻을 다룰 수 있는 방법을 배운 사람은 조직의 계층 구조와 그에 따른 책임을 잘 이해하게 됩니다. 자신이 지시를 따랐던 경험을 바탕으로, 리더는 팀원들이 지시를 따르는 과정에서 겪는 어려움을 이해하고, 더 나은 지원과 지도를 제공할 수 있게 되죠. 나아가 자신의 지시가 공정하고, 필요한 것인지를 스스로 확인하고 증명할 수 있습니다.

18. 성공과 실패 | 마광오

당신 자신이 돼라.
다른 사람은 이미 있으니까.

_오스카 와일드

Be yourself;
everyone else is already taken.

_Oscar Wilde

인생을 성공적으로 이끌기 위해서, 우리는 가장 먼저 '내가 생각하는 성공이란 무엇인가'에 대한 기준을 세워야 합니다. 길을 걸을 때도 목적지가 명확하지 않으면 방황을 할 수밖에 없습니다. '내가 꿈꾸는 성공'을 그려보고 출발하는 것과 무작정 성공을 위해 살아가는 것은 큰 차이가 있을 것입니다.

성공과 실패 | 마광오 — 02

무슨 일을 하든 준비하지 않으면 실패를 준비하게 된다.

_벤자민 프랭클린

Whatever you do, if you do not prepare, you prepare to fail.

_Benjamin Franklin

모든 일에는 준비가 필요합니다. 학교에 가는 학생이 책을, 전쟁에 나가는 군인이 총을 두고 온다면 어떻게 될까요? 히말라야로 등반을 떠나며 아무것도 가지지 않고 떠나는 사람이 있을까요? 성공을 위해서도 준비물과 준비기간이 필요할 것입니다. 내가 닮고 싶은 멘토를 정하고 그가 걸어온 길, 그의 선택을 공부하며 내게 필요한 것들을 점검하고 준비해야 할 것입니다.

성공과 실패 | 마광오

03

서서 바다를 응시하기만 해서는 바다를 건널 수 없다.

_라빈드라나트 타고르

You cannot cross the sea merely
by standing and staring at the water.

_Rabindranath Tagore

우리는 모든 도전에 있어 초보일 수밖에 없고 그렇기에 두려움은 당연합니다. 중요한 건 그 두려움을 이기고 나아간 사람만이 목표한 곳에 이를 수 있다는 것입니다. 앞으로도 뒤로도 갈 수 없는 상황인가요? 한 발짝만 앞으로 나아가면 새로운 세상을 만날 수 있습니다. 결국 행해야 성공에 이를 수 있다는 것을 꼭 기억해야 할 것입니다. 꿈을 꾸기만 해서는 이룰 수 없습니다.

성공과 실패 | 마광오 — 04

성공했다고 그것으로 끝나는 것은 아니며,
실패했다고 세상이 끝나는 것도 아니다.
중요한 것은 계속할 용기다.

_윈스턴 처칠

Being successful does not mean it's over,
and failing does not mean the world ends;
what matters is the courage to continue.

_Winston Churchill

한번 실패했다고, 한번 성공했다고 끝이 아닙니다. 우리 인생은 길고, 도전해야 할 일들은 많기 때문이지요. 흔히 인생은 마라톤과 같다고 이야기합니다. 인생은 마라톤과 같기에 타인과 비교하면서 조급해하지 말고, 페이스를 내게 가져와 당신 자신만의 인생을 살아야 경기가 끝난 후에도 후회가 없을 것입니다. 따라서 늦더라도 원하는 목적지에는 정확한 방향으로 계속 나아가는 용기가 중요합니다.

성공과 실패 | 마광오 — 05

포기하지 말라.
희망을 잃지 말라.
신념을 버리지 말라.

_크리스토퍼 리브

Never give up.
Never lose hope.
Never lose faith.

_Christopher Reeve

크리스토퍼 리브는 힘든 상황과 육체적인 어려움 속에서도 타인을 위해 살았습니다. 그는 우리에게 어려운 상황 속에서도 포기하지 말라고, 그의 삶 전반을 통해 이야기하고 있습니다. 실패라는 결과 앞에서 도전이 끝나는 것이 아닙니다. 포기했을 때, 희망을 잃어버렸을 때, 신념이 약해졌을 때, 바로 그때가 진짜 실패의 순간이고 도전의 마지막 순간입니다.

성공과 실패 | 마광오 — 06

우리의 가장 큰 약점은 포기하는 것이다.
성공하는 가장 확실한 방법은 항상 한 번 더 해보는 것이다.

_토머스 에디슨

Our greatest weakness lies in giving up.
The most certain way to succeed
is always to try just one more time.

_Thomas Edison

포기하지 않으면 기회는 언제나 당신을 기다리고 있을 것입니다. 만화 슬램덩크에 이런 대사가 있습니다. '포기하면 그 순간이 바로 시합 종료에요.' 실력 차로 져서 경기에 패배하는 것이 아니라 포기했기에 경기에서 패배하는 것이라면 얼마나 아쉬울까요? 여러분도 포기하고 싶은 순간 힘을 내어, 한 번 더 도전하시기를 바랍니다.

성공과 실패 | 마광오

실패가 예상될지라도,
아주 중요하다고 생각하는 일이라면 도전하라.

_일론 머스크

Even if failure is expected,
challenge yourself if you think it's important enough.

_Elon Musk

유명한 발명들에는 수많은 실패가 뒷받침되었음을 우리는 알고 있습니다. 성공이 확정된 일만 기다려서는 시작도 할 수 없고, 시작하지 않으면 성공에 이를 수도 없습니다. 성공이라는 목표를 위해서는 실패의 경험이 성공의 귀중한 양분이 될 것입니다.

성공과 실패 | 마광오 — 08

이 세상에서 중요한 것들의 대부분은,
전혀 희망이 없는 것처럼 보일 때도
노력을 중단하지 않은 사람들에 의해 성취되었다.

_데일 카네기

Most of the important things in the world have been accomplished by people who have kept on trying when there.

_Dale Carnegie

우리에게 있어서 실패는 결과가 아니라 과정임을 기억해야 합니다. 우리가 처해 있는 상황이 어렵다고 하더라도 아직 성공 또는 성취하지 않았을 뿐이고, 이곳은 도착지가 아님을 인지해야 합니다. 누가 보더라도 포기해야 할 상황에서도 계속 도전을 이어갈 때, 기적이 일어날 수 있음을 기억하세요.

성공과 실패 | 마광오 — 09

실패를 두려워하는 사람은 자신의 활동을 스스로 제약한다.
실패란 더 현명하게 다시 시작할 기회일 뿐이다.

_헨리 포드

Those who fear failure limit their own activities;
failure is merely an opportunity to start again more wisely.

_Henry Ford

실패가 두려워 도전하지 않고 아무것도 하지 않는 것은 내 인생에 미련만 남기는 행동입니다. 그것은 나의 두려움을 이기지 못해 스스로 기회를 날려 버리는 행위이기 때문입니다. 실패란 다시 시작할 기회입니다. 실패하지 않는다는 건, 반대로 말하면 내가 가진 지식과 기술이 어떻게 더 개선되어야 하는지 모른 채 도전하고 있다는 뜻이기도 합니다. 도전하지 않는 사람에게는 실패의 기회조차 없겠지요.

성공과 실패 | 마광오 — 10

실패하는 것은 곧 성공으로 한 발짝 더 나아가는 것이다.

_메리 케이 애쉬

Failing means taking one more step towards success.

_Mary Kay Ash

세상을 살아가다 만나는 난관들이 그저 그런 어려움으로 남는 것은 아닙니다. 그것은 새로운 기회, 새로운 전환점이 될 수 있습니다. 이런 긍정적인 태도와 가능성을 항상 가슴에 품고 살아야 하겠습니다. 기회가 왔는데도 실패에만 집중하느라 기회를 떠나보내면 얼마나 허무할까요? 실패를 디딤돌 삼아 더 성장하는 우리들이 되길 응원합니다.

성공과 실패 | 마광오

인생에 있는 큰 비밀은 큰 비밀 따위는 없다는 것이다.
당신의 목표가 무엇이든 열심히 할 의지가 있다면 달성할 수 있다.

_오프라 윈프리

The big secret in life is that there is no big secret; whatever your goal, you can get there if you're willing to work hard.

_Oprah Winfrey

내가 좌절하고 실패한 일에 성공한 사람들을 살펴봅시다. 그들은 마치 모든 것들을 어렵지 않게 헤쳐 나간 것처럼 보일 수도 있습니다. 돈, 재능, 운, 인맥과 같은 것들이 그들을 도와주었다고 생각하기 쉽지요. 이런 생각을 하면 할수록 우리의 성공에 대한 의지는 점점 약해질 뿐입니다. 하지만 다시 그들을 눈여겨보세요. 불굴의 의지를 가진 사람이 결국 성공할 수 있습니다.

성공과 실패 | 마광오

12

승리는 가장 끈기 있는 자에게 돌아간다.

_나폴레옹 보나파르트

Victory goes to the most persistent.

_Napoleon Bonaparte

야구 경기에서 타자는 '4할', 그러니까 10번의 기회 중에서 4번만 공을 쳐 내도 훌륭한 선수로 평가받습니다. 절반도 되지 않는 확률에도 불구하고, 대단히 성공적인 선수로 회자하곤 합니다. 우리 인생에는 실패하는 것이 성공하는 것보다 더 많은 확률을 가지고 있습니다. 중요한 건 실패 앞에서 포기하고 멈춰 서는 것이 우리를 성공에 이르지 못하게 한다는 사실입니다. 꾸준히 지치지 않고 걸어가는 것, 그것이 성공의 비결입니다.

| 성공과 실패 | 마광오

그저 경기에 임해라 즐거움을 느끼고,
경기를 즐겨라.

_마이클 조던

Just participate in the game, feel the joy,
and enjoy the game.

_Michael Jordan

결과가 중요한지, 과정이 중요한지에 대한 대답은 각자 다를 수 있습니다. 하지만 마이클 조던은 과정을 더 중시하라 이야기합니다. 우리가 목표를 이루어갈 때의 과정이 즐겁고 내가 그 속에서 자유로움을 느꼈을 때 좋은 결과가 온다는 것이지요. 내가 하는 일을 즐기지 못하면서 성공에 이른다면 그것 또한 내가 원하는 진정한 성공의 모습은 아닐 것입니다. 오늘의 나는 내가 하는 일들을 얼마나 즐기고 있는지 한 번쯤 돌아보면 좋겠습니다.

성공과 실패 | 마광오 ── 14

우리가 이룬 것만큼,
이루지 못한 것도 자랑스럽게 여겨라.

_스티브 잡스

We are as proud of what we haven't achieved
as we are of what we have.

_Steve Jobs

우리는 자신이 이루어 놓은 것에 자긍심을 가져야 합니다. 내가 이룬 작은 성공에도 자긍심을 가져야 하며 도중에 큰 실패가 있었을지라도 마찬가지로 자긍심을 가져야 합니다. 그 속에서 더 큰 성공을 위한 열쇠를 찾을 수 있기 때문입니다. 내가 한 일을 부정하지 말고 당당하게 인정해 보세요. 내가 비록 실패한 것들일지라도 부끄러워하지 않고 자양분으로 삼을 수 있는 것이 성공을 위한 바람직한 자세입니다.

성공과 실패 | 마광오

실수하며 보낸 인생은 아무것도 하지 않고 보낸 인생보다
훨씬 존경스러울 뿐 아니라 훨씬 더 유용하다.

_조지 버나드 쇼

A life spent making mistakes is not only more honorable but more useful than a life spent.

_George Bernard Shaw

우리는 실수가 두려워 아무것도 하지 않는 경우가 있습니다. 하지만 나를 테스트해 보지 않으면 자신의 실력을 알 수 없습니다. 우리가 공부만 하고 시험을 치지 않으면 당연히 성적을 알 수 없을 테고, 성적을 알 수 없다는 건 얼마나 제대로 공부했는지를 알 수 없기 때문입니다. 그러므로 도전하고 실수를 극복함으로써 우리는 자존감과 함께 실력도 키울 수 있을 것입니다.

성공과 실패 | 마광오

16

신은 우리가 성공할 것을 요구하지 않는다.
우리가 노력할 것을 요구할 뿐이다.

_마더 테레사

God does not require us to succeed;
He only requires that you try.

_Mother Teresa

우리는 무언가를 시작하면 끝을 봐야 하고 그 끝은 성공적이어야 한다고 무의식적으로 생각하는 경향이 있습니다. 그러나 내가 실패할지라도 그 일에 들인 노력과 정성이 담긴 시간이 나를 성장시킵니다. 넘어지더라도, 끝이 보이지 않을지라도, 땀 흘려 노력한 대가는 결코 작지 않을 것입니다. 노력해야 이룰 수 있는 것들이 있습니다. 그것들은 그저 주어지는 것보다 비교할 수 없을 만큼 값질 것입니다.

| 성공과 실패 | 마광오 — **17**

누군가가 커다란 성공을 했다는 것은
다른 이들도 성공할 수 있음을 보여주는 것이다.

_에이브러햄 링컨

When someone achieves great success,
it shows that others can succeed too.

_Abraham Lincoln

우리는 종종 자신을 타인과 비교합니다. 때로는 열등감을 느끼고 또 좌절하고 힘들어합니다. 하지만 타인의 성공을 바라보면서 느껴야 할 것은 시기 질투하는 것이 아니라 그가 어떻게 성공했는지를 배우는 것입니다. 어떤 계획과 노력이 있었는지를 배우고, 그가 성공했으므로 나도 성공할 수 있다는 자기 확신을 가져야 합니다.

성공과 실패 | 마광오 — 18

내게 승리는 중요하다. 그러나 내게 진정한 기쁨을 가져다주는 것은
어떤 일이든 하는 일에 완벽하게 열중하는 경험이다.

_필 잭슨

Victory is important to me,
but what truly brings me joy is the experience
of being completely immersed in whatever I do.

_Phil Jackson

어떤 일을 함에 있어 내가 최선을 다하지 않았다면 그 일의 결과가 성공이든 실패든 상관없이 그 일에서 무언가를 배우기는 쉽지 않습니다. 그러므로 우리는 우리가 어떤 위치에 있든 그 자리에서, 그 어떤 일에 든 최선을 다해야 합니다. 마음을 다하지 않으면 진정한 성장과 그 기쁨을 누릴 수 없습니다.

성공과 실패 | 마광오

가장 위대한 영광은 한 번도 실패하지 않음이 아니라
실패할 때마다 다시 일어서는 데에 있다.

_공자

The greatest glory is not in never failing,
but in rising every time we fail.

_Confucius

우리는 반복되는 실수와 실패로 의욕을 잃어버릴 때가 있습니다. 패배가 이어지면 다시 도전할 용기를 내기도 어렵지요. 패배감, 무력감만 들고 의욕이 없는 상태에서는 아무것도 도전할 수 없겠지만 그럼에도 불구하고, 우리는 다시 일어나 도전해야만 합니다. 누구나 살아가면서 많은 실패와 좌절을 맛볼 수 있습니다. 실패하지 않는 사람은 없습니다. 실패를 통해 더 나은 내가 될 수 있다는 사실을 꼭 기억하세요.

성공과 실패 | 마광오

멈추지 말고 한 가지 목표에 매진하라.
그것이 성공의 비결이다.

_안나 파블로바

Do not stop and focus on one goal.
That is the secret to success.

_Anna Pavlova

실패가 계속 거듭될수록 우리는 주저할 수밖에 없습니다. 하지만 안나 파블로바는 멈추지 말고 내가 정한 목표에 매진하라 이야기합니다. 우리가 살펴보아야 할 성공의 비결은 멈추지 않는 것입니다. 멈추지 않을 때 우리는 비로소 성공에 도달할 수 있습니다. 정말 간절히 성공을 원한다면 빠른 포기로 내 삶의 방향을 전환하기보다 후회하지 않을 만큼 도전해 보고 열정적으로 집중할 기회를 가지기를 바랍니다.

19. 커뮤니티와 인간관계 | 하예랑 ─────── 01

우리가 함께 있을 때,
우리는 더 강해지고 더 멀리 갈 수 있다.

_헬렌 켈러

When we are together,
we become stronger and can go further.

_Helen Keller

저는 의지가 약한 편이라 결심했다가도 작심삼일이 되곤 합니다. 그러나 커뮤니티를 운영하면서부터는 여럿이 함께했을 때 훨씬 신나게, 쉽게, 그리고 오랫동안 도전과 습관을 이어 나갈 수 있다는 것을 알게 되었습니다. 새벽 기상, 영어 공부, 재테크 공부, 운동 등을 함께하면서 이제는 혼자 하다가 금방 포기했던 일들이 루틴이 되고, 습관이 되었습니다. 혼자서는 어려운 일도 함께라면 어렵지 않습니다.

커뮤니티와 인간관계 | 하예랑 ——————————— 02

서로의 이야기를 들어주는 것만으로도 큰 위로가 된다.
우리는 서로의 마음을 이해하며 더 크게 공감한다.

_랄프 월도 에머슨

Simply listening to each other's stories can be a great comfort.
By understanding each other's hearts, we feel greater empathy.

_Ralph Waldo Emerson

제가 우울하고 힘들었을 때 저에게 먼저 전화해주고, 찾아와주고, 제 이야기를 들어준 이들이 있습니다. 그때 저는 단지 이야기만 했을 뿐인데 기분이 나아지고 큰 위로가 되었습니다. 그 친구들과 저는 깊고 진실한 관계가 되었습니다. 그들이 저의 이야기를 들어주었던 것은 저에게 일반적인 대화 그 이상으로 신비롭게 다가왔습니다. 서로의 마음과 마음을 연결해주는 커다란 공감과 위로의 만남이었던 것입니다.

커뮤니티와 인간관계 | 하예랑 03

서로의 존재만으로도 큰 힘이 된다.
우리는 함께 있을 때 더 큰 용기를 얻는다.

_알베르트 슈바이처

Simply having each other's presence gives us great strength.
We gain more courage when we are together.

_Albert Schweitzer

저에게는 기쁨과 슬픔 모든 것을 공유하고 이야기 나눌 수 있는 친한 친구가 있습니다. 우리는 서로의 존재만으로도 큰 힘이 됩니다. 존재 자체가 저에게 선물이자 축복이지요. 함께 있는 것만으로도 우리는 더 큰 힘을 얻을 수 있으며, 친구가 내 옆에 함께한다는 생각만으로도 따뜻한 기분이 듭니다. 언제나 서로에게 기댈 수 있기에 우리는 힘과 용기를 낼 수 있습니다. 친구의 존재가 얼마나 감사한지 모릅니다.

커뮤니티와 인간관계 | 하예랑

04

사랑은 작은 행동에서 시작된다.
우리는 작은 친절을 통해 큰 사랑을 표현할 수 있다.

_마더 테레사

Love starts with small actions.
We can express great love through small acts of kindness.

_Mother Teresa

사랑은 작은 행동에서 시작됩니다. 엘리베이터에서 처음 보는 사람에게 건네는 인사, 누군가 실수했을 때 언짢아하지 않고 괜찮다며 웃어주는 친절한 미소, 식당이나 호텔 등에서 직원에게 감사를 전하는 말 한마디. 이런 작은 행동이 일상을 밝게 만들며, 서로에게 기쁨을 선사합니다. 사랑은 거창한 것이 아닙니다. 작은 친절이 깃든 사소한 행동 속에서 피어납니다. 우리, 작은 친절을 통해 행복을 주는 사람이 되기로 해요.

커뮤니티와 인간관계 | 하예랑 — 05

가장 강한 사람은 혼자서도 잘 살아가는 사람이 아니라,
자신의 약점을 인정하고 다른 사람의 도움을 받아들이는 사람이다.

_브레네 브라운

The strongest person is not the one who lives alone
but the one who acknowledges their weaknesses
and accepts help from others.

_Brené Brown

많은 사람은 혼자서 모든 것을 해결하려는 경향이 있습니다. 하지만 자신의 약점을 인정하고 타인의 도움을 받아들이면 더욱 강한 힘을 끌어낼 수 있습니다. 저 역시 커뮤니티를 운영하며 타인의 도움을 받아들이면서 약점을 강점으로 바꾸어 나갔고, 서로를 이해하고 지지하는 인간관계의 중요성을 깨닫게 되었습니다. 우리는 다른 사람에게 마음을 열고 약점을 인정할 때 더 큰 힘을 얻고 강해질 수 있습니다.

커뮤니티와 인간관계 | 하예랑 ──────── 06

진정한 친구는 당신이 자신을 사랑하도록 도와주는 사람이다.
그들은 당신이 가장 어두운 곳에서도 빛을 찾아낼 수 있도록
곁에 있어 준다.

_엘리너 루즈벨트

A true friend is someone who helps you love yourself.
They stand by you, helping you find light even
in the darkest places.

_Eleanor Roosevelt

자신을 못난 사람이라고 생각하는 어떤 남자가 있었습니다. 그 모습을 안타깝게 여긴 친구가 같이 운동하기를 제안했습니다. 얼마 후, 운동으로 활력이 생긴 그는 외모에도 내면에도 변화가 찾아오기 시작했고, 친구에게 가장 먼저 결혼 소식을 전해왔습니다. 이렇듯, 진정한 친구는 어두운 순간에도 곁에 머물며, 희망과 빛을 찾을 수 있게 도와주는 사람입니다.

커뮤니티와 인간관계 | 하예랑 ─────────────────────── **07**

당신에게 손이 두 개 있는 이유는 당신과 남을 돕기 위해서이다.

_오드리 헵번

You have two hands:
one for helping yourself and one for helping others.

_Audrey Hepburn

우리는 두 손을 가지고 태어났으며, 두 손은 단지 나를 위한 것이 아니라 남을 위한 것이기도 합니다. 이러한 균형은 우리의 삶을 따뜻하게 만들죠. 남을 돕는 손길은 작은 행동 하나로도 큰 변화를 일으킬 수 있으며, 우리는 서로를 도울 때 더 큰 행복을 느낄 수 있습니다. 두 손의 역할과 소중함을 다시 한번 생각하면서 남을 돕는 삶을 살아가기로 해요!

| 커뮤니티와 인간관계 | 하예랑   08

좋은 사람이건 나쁜 사람이건 상관하지 않고
이웃을 사랑하는 사람이야말로 완전한 사람이다.

_마호메트

He who loves his neighbors regardless of whether
they are good or bad is truly a complete person.

_Muhammad

마호메트의 이 말은 진정한 사랑과 인간애의 중요성을 강조합니다. 사람을 평가하거나 판단하지 않고, 그저 이웃을 사랑하는 것이 완전한 인간으로 성장하는 길입니다. 쉽지 않지요. 하지만 좋은 사람과 나쁜 사람을 구분하지 않고 모든 이웃을 사랑하면 우리는 더 큰 이해도, 용서도 할 수 있게 됩니다. 나에게 상처를 준 사람도 포용하고 우리 편견 없이 모든 사람을 사랑해볼까요?

커뮤니티와 인간관계 | 하예랑　　　　　　　　　　　　　　**09**

친구들에게서 기대하는 것을 친구들에게 베풀어라.

_아리스토텔레스

Give to your friends what you expect from them.

_Aristotle

저는 친구가 많은 편입니다. 저는 그들에게 먼저 연락하고, 안부를 묻는 편입니다. 언제나 먼저 연락하는 사람이 저라는 사실을 알고 있지만, 그렇다고 서운해하지는 않습니다. 오히려 먼저 연락하는 달란트가 저에게 있다는 것을 기쁘게 생각합니다. 그랬더니 지금은 저를 먼저 생각해주고 찾아주는 친구가 많아지기 시작했답니다. 얼마나 행복한지 모릅니다. 기대하는 것을, 받고자 하는 것을 먼저 베풀어보세요!

커뮤니티와 인간관계 | 하예랑 — 10

친구를 갖는다는 것은 또 하나의 인생을 갖는다는 것이다.

_세네카

To have a friend is to have another life.

_Seneca

저에게 예상치 못한 어려움이 닥쳤을 때, 친구가 제 이야기를 들어주며 자기 경험과 극복 방법을 공유해 준 적이 있습니다. 저는 이야기를 들으며 제가 혼자가 아니라는 사실에 위로받았고, 덕분에 결국 프로젝트를 성공적으로 마쳤습니다. 친구의 경험에서 우러나온 조언을 통해 저는 또 다른 경험과 지혜를 얻을 수 있었던 것입니다. 이처럼 친구를 갖는다는 것은 또 하나의 인생을 갖는 것임을 절실히 느끼게 되었습니다.

커뮤니티와 인간관계 | 하예랑

같이 걸어 줄 누군가가 있다는 사실만큼 우리 삶에 따뜻한 것은 없다.
그늘이 넓은 나무 밑에 새들이 모이고 가슴이 넓은 사람 주변에는
사람들이 모인다.

_알베르 카뮈

There is nothing warmer in life than having someone to walk beside you. Just as birds gather under the shade of a wide tree, people gather around someone with a big heart.

_Albert Camus

함께 걷는 친구들이 있기에 저는 다시 힘을 낼 수 있습니다. 그늘이 넓은 나무 밑에 새들이 모이는 것이 당연한 것처럼, 가슴이 넓은 사람 주변에 사람들이 모이는 것은 당연한 순리입니다. 저도 가슴이 넓은 사람이 되어 제 주변의 많은 이들에게 작은 위로와 안식처가 되어주고 싶어요. 저에게 사람들이 와서 따뜻함을 느끼고 포근함과 사랑을 느끼며 쉬다가 갔으면 좋겠습니다.

커뮤니티와 인간관계 | 하예랑 — 12

위대한 이들은 목적을 갖고,
다른 사람들은 소원을 갖는다.

_워싱턴 어빙

Great minds have purposes,
others have wishes.

_Washington Irving

저는 이루고 싶은 것이 생기면 그것이 바로 목적이 되고 바로 그 순간부터 실행에 옮깁니다. 단순하게 무언가를 소망하고 막연하게 그것이 이루어지길 바라지 말고, 목적을 이루기 위해 계획하고 지금부터 실행해 가면 어떨까요? 당신도 매일 조금씩 노력하면 머지않아 목적을 이루게 될 것입니다. 그것조차 어렵다면, 목적을 갖고 해 나가는 이들과 함께 해보는 것도 좋겠습니다.

커뮤니티와 인간관계 | 하예랑

성공의 가장 중요한 기준은
'당신이 다른 사람들을 어떻게 대하는가'다.

_달라이 라마

Never lose sight of the face that the most important yard stick to your success is how you treat other people.

_Dalai Lama

강한 자에게 약하고 약한 자에게 강한 사람들이 있습니다. 그들은 아무리 높은 지위에 올랐거나 권력을 장악한다고 하더라도 진정한 성공을 이룬 사람이 아닙니다. 약한 사람에게 손잡아줄 수 있고 강한 자에게 비겁하지 않은 사람이야말로 진정한 리더가 될 자격이 있습니다. 진정한 성공은 멀리서 시작되지 않습니다. 작은 식당의 점원이나 쓰레기를 치우는 환경미화원을 대하는 태도에서부터 시작됩니다.

커뮤니티와 인간관계 | 하예랑 — **14**

재능은 게임에서 이기게 한다.
그러나 팀워크는 우승을 가져온다.

_마이클 조던

Talent wins games,
but teamwork wins championships.

_Michael Jordan

만약 당신이 어떤 스포츠에 재능이 있다면, 또 그것이 혼자 하는 게임이라면 이길 수 있습니다. 하지만 팀을 이루어서 하는 경기라면 팀워크가 훌륭한 팀이 비로소 우승을 할 수 있습니다. 운동뿐만 아니라 어떤 일이든 마찬가지입니다. 함께하는 힘은 정말 위대합니다.

커뮤니티와 인간관계 | 하예랑

설명하지 마라.
친구라면 설명할 필요 없고 적이라면 어차피 믿으려 하지 않을 테니까.

_엘버트 허버드

Don't explain.
If they're your friend, you don't need to.
If they're your enemy, they won't believe you anyway.

_Elbert Hubbard

만약 친구가 당신의 행동을 오해했다고 느낄 때, 그 친구는 당신이 왜 그렇게 행동했는지 굳이 설명하지 않아도 이해해줄 겁니다. 하지만 당신에게 적대적인 사람이 당신을 비난할 때는, 아무리 설명해도 당신의 말을 믿지 않거나 왜곡할 가능성이 큽니다. 이럴 때는 굳이 설명하려 애쓰기보다 자신의 믿음에 충실한 것이 더 낫습니다.

커뮤니티와 인간관계 | 하예랑 16

자기가 하고자 하지 않는 것을 다른 사람에게 베풀지 말라.

_공자

Do not impose on others
what you yourself do not wish to be done to you.

_Confucius

이 명언은 언제나 지켜야 할 인생의 진리입니다. 친구에게 미움받고 싶지 않으면 친구를 미워하지 말아야 합니다. 누군가 거짓말하는 것이 싫다면 당신 역시 거짓말을 하지 말아야 합니다. 친절한 말을 듣고 싶으면 먼저 친절한 말을 해야 합니다. 상냥한 대접을 받고 싶으면 먼저 상냥해져야 합니다. 내가 받고자 하는 대로 다른 사람에게 베풀어야 합니다.

커뮤니티와 인간관계 | 하예랑

물질은 사라지지만,
함께 보낸 시간은 영원히 추억으로 남는다.
그것이 진정한 선물의 힘이다.

_마야 안젤루

Material things fade,
but the time we spend together remains forever
as cherished memories. That's the power of a true gift.

_Maya Angelou

생일 선물로 비싼 시계를 받았지만, 몇 년 후 그 시계는 고장이 나고 말았습니다. 그러나 친구와 그날 웃으며 나누었던 이야기는 오랫동안 마음속에 남아 있어요. 진정한 선물은 함께한 시간에서 오는 추억이죠. 정성을 들인 편지, 고민 끝에 고른 선물을 주면 상대방은 당신의 사랑을 느낄 수 있어요. 당신이 상대방을 생각하며 보낸 시간이 고스란히 담겨 있기 때문이지요.

....

....

....

....

....

커뮤니티와 인간관계 | 하예랑 — 18

함께하는 순간들이 모여 세상을 따뜻하게 만든다.
혼자서는 절대 이룰 수 없는 아름다움이다.

_데즈몬드 투투

The moments we share together warm the world,
creating a beauty that could never be achieved alone.

_Desmond Tutu

저는 다양한 분야의 멘토들과 함께 매달 '굿시즈'라는 청소년들을 위한 멘토링을 합니다. 학교에서는 배우기 어려운 진로 방향 설정, 미래 산업들, 중요한 삶의 가치들을 알려주고 있어요. 이 모임으로 청소년들은 새로운 지식과 지혜를 배우기도 하고 멘토들과의 대화를 통해 고민을 나누고 따뜻한 시간을 보낸답니다. 청소년들을 위해 만든 아름다운 모임입니다. 그들의 성장을 보며 얼마나 기쁘고 보람 있는지 모릅니다. 저 혼자서는 절대 할 수 없는 일이죠.

커뮤니티와 인간관계 | 하예랑   19

모두가 하나로 연결된 이 세상에서,
작은 친절 하나가 큰 변화로 이어진다.

_달라이 라마

In a world where we are all connected,
a small act of kindness can create a ripple of change.

_Dalai Lama

어느 날 저에게 '덕분에 작가가 되었다'라고 하시면서 책을 선물해 주신 분이 계십니다. 1년 전 커뮤니티에서 그가 쓴 글이 아름답다고 작은 친절의 말을 했던 것이 큰 힘이 되었다고 말씀해 주셨지요. 저는 사람들의 가슴에 꽃을 피운다는 마음으로 말하고 친절을 베풀려고 노력합니다. 그리고 보답하고자 하는 사람들에게는 저에게 말고 다른 사람들에게 두 배로 주라고 말합니다. 당신도 친절한 사람이 되어보세요. 베푸는 내가 더 행복해질 것입니다.

....

....

....

....

....

커뮤니티와 인간관계 | 하예랑   20

하나님께서 가르쳐 주신 가장 큰 계명은 서로 사랑하는 것, 그것이 우리가 따를 길이다.

_예수 그리스도

The greatest commandment God has given us is to love one another; that is the path we are meant to follow.

_Jesus Christ (John 13:34)

친구가 어려움에 부닥쳤을 때 사랑하는 마음으로 같이 고민하고 해결책을 찾고 그 친구를 도와줬어요. 그 친구는 큰 위로를 받았고 다시 일어날 수 있었습니다. 지금은 저에게 더 큰 사랑을 주는 친구가 되었습니다. 서로 사랑하는 것이 얼마나 중요한지 다시 한번 생각하는 계기가 되었습니다. 나보다 남을 더 생각하는, 헌신하는 사랑이 이 세상을 아름답게 만들고 모두가 행복해지는 길입니다. 우리 앞으로 더 서로 사랑하기로 해요!

에필로그

퇴고 작업을 시작한 날, 커피를 한잔 준비해 노트북 옆에 내려놓은 저는 원고를 처음부터 끝까지 빠르게 스크롤 해 내려가고 있었습니다. 19인이 집필한, 생각보다 방대한 분량. 일감을 보면 돌격하는 스타일이라, 이번에도 열심히 다듬을 생각이었지요. 지면에 부합하도록 코멘트의 분량을 줄이고 또 줄였고, 카테고리와 명언에 어울리도록 줄인 내용을 다듬고 또 다듬었습니다. 퇴고를 해보신 분이라면 아실 겁니다. 끝날 것 같아도 절대 끝나지 않는 일이 '퇴고'니까요.

여느 일들은 일련의 시간이 지나면 잊히고 미화되기도 하지만, 어떤 일들은 감사와 감동으로 물들어 힘듦을 잊기도 하지요. 이 모든 과정이 힘들거나 외롭지 않았던 이유는 함께한 작가님들이 저의 퇴고 작업을 이해해주시고 활발히 소통을 해주셨던 덕분입니다. 퇴고 작업이 저만의 역사가 아니라는 것을 증명하듯, 밤낮을 가리지 않고 협업문서에 접속해 원고를 보살핀 흔적, 댓글로 소통하고 수정 작업을 한 흔적이 빼곡합니다. 우리 작가진이 '열정'과 '성실'하면 빠지지 않는 인물들의 모임이라는 것을 저는 믿어 의심치 않습니다. 더 좋은 책을 펴내기 위해 주고받는 에너지 속에서 저도 신이 났을 정도니까요. 응원을 아끼지 않고 무한한 칭찬과 격려를 퍼부어주신 공저작가님들께 깊은 감사를 드립니다.

퇴고를 하는 중에, 제가 집필한 '공감과 소통'을 포함한 모든 명언은 어쩌면 저에게 하는 말들로 다가왔습니다. 우리가 알고 있는 대부분의 명언이 그러하듯이, 명언들의 첫인상은 'ㅇㅇ는 ㅇㅇ이다', 'ㅇㅇ는 ㅇㅇ하는게 아니라, ㅇㅇ하는 것이다'. 하는 형식이 반복되는 것처럼 보입니다. 그러나, 각 명언들을 곱씹어보면 생각보다 다양한 깊이와 맛을 내며 우리 삶에 길을 비춰주고 있음을 느낄 수 있답니다. 공감에 대한 정의, 공감을 해야 하는 이유, 공감하는 방법, 공감할 때 주의해야 할 것들, 공감이 꼭 필요한 상황... 되새겨 보면, 마찬가지로 다양한 메시지가 되어 여러분에게도 다가가고 있을 것입니다.

 세상에 차고 넘치는 이미지와 텍스트 때문일까요? 명언은 수없이 많지만, 그것을 곱씹어 자아 성찰로 연결할 기회는 적습니다. 생각의 창을 열어주는 가장 빠르고 적극적인 방법은, 필사나 낭독일 것입니다. 책 속에 있는 19개로 세분화한 카테고리를 따라 하루에 한 문장, 아침마다 되새기는 동서고금의 명언들이 나와 더 큰 자아, 그리고 세상을 연결하는 안내자가 되기를 바랍니다.

이지영 작가

명언은 어떻게 삶의 힘이 되는가

초판 1쇄 인쇄 2025년 8월 27일
초판 1쇄 발행 2025년 8월 31일

지은이 하예랑 외 18명
펴낸곳 디엔젤 출판사
펴낸이 오시윤
디자이너 하수경, 김유림
주소 인천 남동구 논고개로 123번길 35,
     리더스비지니스센터 901호
대표전화 010-8185-1003
출판등록 제 353-2024-000029호
이메일 the1003angel@gmail.com

iSBN 979-11-991815-5-7(03810)

• 이 책의 저작권은 저자에게 있습니다.
• 서면에 의한 저작권자의 허락 없이 내용의 일부 혹은
  전부를 인용 밑 복제하거나 발췌하는 것을 금합니다.